즉시 팔고
바로 버는
부동산경매
단기투자
Ⅱ

즉시 팔고 바로 버는
부동산 경매 단기투자 2

초판 2쇄 발행 2016년 7월 25일

지은이 | 전용은

펴낸곳 | 보랏빛소
펴낸이 | 김철원

기획·편집 | 김이슬
마케팅·홍보 | 김철원
디자인 | 박영정

출판신고 | 2014년 11월 26일 제2014-000095호
주소 | 서울특별시 마포구 월드컵북로6길 53, 402호(연남동)
대표전화·팩시밀리 | 070-8668-8802 (F) 02-323-8803
이메일 | boracow8800@gmail.com

ISBN | 979-11-86325-79-7 (13320)

이 책의 판권은 저자와 보랏빛소에 있습니다. 저작권법에 의해 보호 받는 저작물이므로 무단전재와 복제를 금합니다.
책값은 뒤표지에 있습니다. 잘못된 책은 구입한 곳에서 바꾸어 드립니다.

즉시 팔고 바로 버는 부동산 경매 단기투자 2

전용은 지음

보랏비소
Borabit Cow

프롤로그
당신의 인생은 부동산경매를 하기 전과 후로 나뉠 것이다!

아주 오래 전부터 제 유일한 꿈은 '지금 당장 행복하게 사는 것'이었습니다. 미래의 행복을 위해 현재가 불행한 것이 아닌, 지금 이 순간의 행복 말입니다.

부동산경매를 하기 전에는 꿈을 가지는 것, 그리고 그 꿈을 이루기 위한 도전을 하는 것 자체가 사치라고 생각한 적도 있었습니다. 하지만 부동산경매가 제 인생과 사고를 변화시켰습니다. 지금 저는 행복함을 느끼며 살고 있습니다. 또 완벽하게 그런 것은 아니지만, 대체로 저는 하고 싶은 것을 하고, 하고 싶지 않은 것은 하지 않는 삶을 살고 있습니다.

처음 시작할 때에는 생각도 못했지만, 시간이 지나면서 부동산경매는 제 삶을 송두리째 바꿔놨습니다. 부동산경매를 하지 않았다면 이전까지 그래 왔던 대로 저는 계속 제 시간을 써서 남을 위해 일하고, 그 대가로 돈을 버는 생활을 계속했을 것입니다. 그런 생활을 하면서 행복을 느끼는 사람도 있겠지만, 저는 아니었습니다. 제 직장생활은 결코 만족스럽지 않았습니다. 불평불만이 가득하면서도 때가 되면 월급이 나온다는 이유 때문에 저는 그 일을 그만두지 못했습니다.

    좋은 기회가 생기면 회사를 때려치우겠다는 생각을 늘 했지만, 저처럼 이기적인 생각으로 세상을 사는 사람에게 찾아올 좋은 기회란 없었습니다. 기회란 놈도 사람을 가립니다. 그렇게 안일한 생각으로 세상을 살다가 문득 정신을 차리고 보니 전 백수가 되어 있었습니다. 세상을 무시하는 교만한 마음을 가지다 보니 저는 어느새 정상궤도에서 심하게 이탈해 있었던 것입니다. 설상가상으로 주변에는 저를 도와줄 사람이 단 한 명도 남아 있지 않았습니다. 그때부터 저는 몇 개월을 막막하게 보내야 했습니다.

    새로 시작할 수 있는 일을 찾아야 했지만 그것도 쉽지 않았습니다. 그때까지 살아온 삶이 후회스러웠지만 되돌릴 수 없었기에 마음이 아팠습니다. 다시 새로운 일을 할 수 있게 된다면 절대 이전과 같은 무의미한 짓을 하지 않겠다고 수도 없이 다짐했습니다. 그래도 쉽지 않았습니다. 아무리 굳은 결심을 해도 새로운 기회는 좀처럼 찾아오지 않았습니다. 그때까지도 기회를 찾아보려 하지 않고 앉아서 기다리기만 했으니 당연한 일이기도 했습니다. 여전히 정신 못 차리던 시절이었습니다.

나태해진 저를 혼내고 단련시켜 새로운 사람으로 만들어줄 만한 일이 제게 필요했습니다. 웬만한 일 따위로는 불가능했습니다. 항상 깨어 있어야 하고 긴장 속에서 다음 단계에 대처해야 하며, 진행되는 모든 것을 스스로 주도해서 하는 일이어야 가능할 것이라 생각했습니다.

그런 수많은 생각과 고민 끝에 저는 부동산경매를 선택하게 되었습니다. 돈을 버는 것은 둘째치고 부동산경매는 저 스스로를 제대로 된 사람으로 변화시켜 줄 일종의 훈육 도구였던 것입니다. 여기서 밀려나면 더 이상 물러설 곳이 없다고 생각했기에 저는 부동산경매를 신성시 여겼습니다. 부동산경매를 이용해 돈을 벌려는 생각 이상으로 저는 훨씬 더 큰 욕심을 가졌던 것입니다. 그래서 저는 더더욱 부동산경매를 제대로 해야 했습니다. 제대로 한다는 것이 어떤 것인지도 모르지만, 전 실패할 수 없었습니다. 해보고 안되면 말자는 생각도 저에겐 과분했습니다. 어떻게 해서든 저는 버려지지 않아야 했습니다.

저는 성공하지 않았습니다. 돈을 많이 벌지도 못했습니다. 여전히 저에게는 많은 일이 남아 있고, 아직도 갈 길이 멉니다. 하지만 이제는 예전처럼 조급하게 생각하지 않습니다. 날마다 조금씩 더 행복해지고 있으며 조금씩 더 나아가고 있는 그 자체에 만족하기 때문입니다.

경매 덕분에 제 인생이 너무나 많이 달라져버렸습니다. 그러나 이제 막 경매에 뛰어들고자 마음먹은 누군가가 혹시나 제게 조언을 구한다 해도 저는 '당신이 경매를 선택한다면 결코 후회하지 않을 것이고, 돈도 많이 벌 수 있을 것입니다'라고 얘기할 수는 없을 것 같습니다. 제가 경험한 경매는 무척이나 외롭고 힘들었기 때문입니다. 하지만 적어도 이 말은 할 수 있습니다.

"앞으로 당신의 인생은 경매를 하기 전과 후로 나뉠 것입니다."

부동산경매를 하면 분명 돈을 벌 수 있습니다. 다만 많고 적음의 차이는 있을 겁니다. 많이 번다고 훌륭한 사람이 되는 것도 아니고, 못 번다고 못난 사람이 되는 것도 아니니 그것에 너무 집착하지 마시길 바랍니다.

부동산경매를 그저 돈을 버는 도구로만 생각하지 말고, 나태한 우리 스스로를 변화시켜줄 수 있는 아주 좋은 동반자라고도 생각해주셨으면 좋겠습니다. 그렇게 생각할 수 있다면 우리는 부동산경매를 포기하지 않고 꾸준히 할 수 있게 될 것이고 결국 성공할 수 있게 될 겁니다.

이 책은 부동산경매에 관한 내용이지만, 동시에 나태하고 교만하게 살았던 제가 부동산경매를 하며 어떻게 느끼고 또 변했는지를 기록한 것이기도 합니다. 2013년 5월에 《마음을 움직이는 경매심리학》이라는 이름으로 출간했던 것을 새롭게 정리해 다시 펴내게 되었습니다. 이 책의 내용이 현재에 만족하지 못하는 분들과 새로운 기회를 찾고 있는 분들에게 조금이라도 도움이 되기를 간절히 바랍니다. 신중하게 생각하고 빠른 행동으로 도전하시길 권유해봅니다. 분명 부동산경매는 현재에 머무는 우리를 좀 더 성장시킬 수 있는 계기가 되어주리라 믿습니다.

전용은

CONTENTS

프롤로그
당신의 인생은 부동산경매 전과 후로 나뉠 것이다! • 05

초보도 돈 벌 수 있는 부동산경매 단기투자

사장님이라면 그 물건 사시겠어요? • 15
정글보다 냉정한 투자의 세계 • 23
분수에 맞게 투자하라 • 31
경매판에 들어가도 정신만 똑바로 차리면 된다 • 38
때로는 욕심을 자제할 줄 알아야 한다 • 46
알짜배기 특강 01 부동산경매 단기투자의 개요 • 54

부동산경매 단기투자에 임하는 초보들의 자세

욕이 나와도 계속 도전하라 • 67
나도 급하지만 상대는 더 급하다 • 78
물은 셀프, 결정도 셀프 • 87
미련을 가지면 미련해질 뿐이다 • 97
일단 저질러야 돈이 들어온다 • 104
나의 가치를 높이고 투자에 성공하는 비결 • 115
알짜배기 특강 02 부동산경매 단기투자의 방법론 • 123

3 돈 버는 부동산경매 단기투자 비법 훔쳐보기

새로운 것보다 새로운 시각 • 135
잘 맞은 아웃, 빗맞은 안타 • 144
말을 건네면 몸이 따른다 • 154
추측과 사실의 차이 • 166
먹을 수 있는 상황에서 먹어라 • 174
상대방의 기를 살려줘라 • 181
단기투자 일반화의 오류 • 188

알짜배기 특강 03 부동산경매 단기투자의 실무 • 196

4 성공적인 부동산경매 단기투자를 위한 지침서

늦었다고 생각될 때라도 돌이켜라 • 207
약속은 지키라고 있는 것이다 • 215
욕심보다는 안전이 제일 • 224
기대가 크면 실망도 큰 법이다 • 230
그래도 결국엔 부동산경매다 • 239

알짜배기 특강 04 부동산경매 단기투자 물건 검색 비법 • 246

부록
부동산경매 단기투자로 돈 버는 5가지 원칙 • 256

초보도 돈 벌 수 있는 부동산경매 단기투자

사장님이라면 그 물건 사시겠어요?
정글보다 냉정한 투자의 세계
분수에 맞게 투자하라
경매판에 들어가도 정신만 똑바로 차리면 된다
때로는 욕심을 자제할 줄 알아야 한다

사장님이라면 그 물건 사시겠어요?

　자기주도 학습이 있듯이 자기주도 인생이란 것도 있지 않을까 싶습니다. 한동안 자기주도 인생을 살아야 하지 않을까 심각하게 고민했던 적이 있습니다. 직장생활을 하는 동안 저는 대부분 그저 수동적인 삶을 지속했습니다. 그리고 그런 수동적인 생활은 별 재미가 없었습니다.

　부동산경매가 가져다주는 매력 중 제가 가장 좋아하는 것은 '내가 내 인생의 주인으로 살고 있다'는 생각을 갖게 해준다는 점입니다. 그리고 그 생각은 하나의 물건이 완전히 해결되는 순간에 더 강하게 저를 자극합니다. 얼기설기 꼬인 여러 난제들이 저를 휘감고 있다가 그걸 해결하기 위해 제가 내린 결정 하나에 실타래가 풀리듯 한꺼번에 모든 문제가 사라져버리면 그 순간의 그 쾌감이란 정말 엄청납니다. 저는 제 인생의 주인이 되어 살고 싶었습니다.

그리고 경매가 저를 그렇게 만들어주길 바랐습니다. 하지만 내 인생의 주인으로 산다는 것, 자유를 얻는다는 것에는 무한한 책임감이 뒤따른다는 사실을 저는 나중에야 깨달을 수 있었습니다.

급하게 먹다가는 체하기 일쑤

어느 정도 경매 절차에 익숙해졌을 무렵의 일입니다. 본격적인 실전을 경험하기 전에 이론적인 공부와 더불어 실전투자를 하는 과정에서 자연스럽게 알게 된 관련 지식들이 쌓인 듯 이제는 낙찰받은 물건에 생기는 문제를 누구에게 묻지 않고도 해결할 만하다고 여겨졌습니다. 물론 제가 모든 것을 꿰뚫을 정도가 되었던 것은 아니고, 모르는 것이나 궁금한 것이 생겼을 때 스스로 각종 자료를 찾아보고 그 자료의 옳고 그름을 구분해 제 사례에 바르게 적용할 여유가 생겼었다는 뜻입니다.

당시 저에게는 장기 투자로 보유하기 위한 물건이 아닌 단기 투자용, 그러니까 매수 후 바로 얼마간의 차익을 본 뒤 매각을 계획하던 물건 네 개가 쌓여 있었습니다. 당시 저의 투자형태는 평균적으로 단기 투자용 물건을 두 개 정도 매수해 가지고 있다가 하나가 팔리면 또 하나를 매수하는 식이었습니다. 헌데 그런 단기 투자 물건들이 하나씩 꼬이다 보니 어느 순간 네 개가 되어버린 것입니다. 그렇다고 새로운 투자를 안 하고, 마냥 기존 물건이 팔리기를 기다릴 수만도 없는 형편이어서 이대로라면 물건만 계속 늘어날 것 같았습니다. 부동산경매 물건 하나에 많은 자본을 투입할 형편도 안 되었고, 단기 투자용은 대출을 활용하지도 않기 때문에 이대로라면 더 이상의 물건을 담아두고 있는 것이 불가능할 것 같았습니다.

저는 이것저것 가릴 것 없이 모든 수단을 동원해 적체되어 있는 물건을 팔아야 했습니다. 당시와 같은 불황에서 가장 효과적인 매매방법은 매도가격을 확 낮춰서 파는 것뿐이었습니다. 그래서 일단 가지고 있던 오피스텔을 시세보다 싸게 중개업소에 내놨습니다. 보유를 생각하지 않고 단기간에 팔아서 약간의 양도차익을 거둘 것을 기대하고 있던 터라 잔금 납부 후 한 달이 넘도록 임대를 놓지 않고 있었습니다. 헌데 매수자의 입질이 전혀 없었습니다. 하는 수 없이 물건지 주변의 모든 중개업소를 돌았습니다. 물건지의 위치는 해당 지역에서 최고였지만 들어가는 중개업소마다 고개를 가로저었습니다.

속이 탄 저는 매도가를 확 내린다는 전제 하에 되물었습니다. 하지만 돌아오는 대답은 역시 부정적인 것뿐이었습니다. 매수세가 전무하기 때문에 가격이 문제가 아니라는 것이었습니다. 그렇게 중개업소를 열 군데 가까이 돌았고, 그중 한 곳에서는 한 달의 기한을 걸고 내릴 수 있는 최대의 가격을 제시했습니다. 그제야 가능할 수도 있다는 의견을 들었지만 나오는 건 한숨뿐이었습니다. 입찰 전 예상했던 수익을 모두 포기한 가격에 내놨지만 가능할 것 같다고만 할 뿐 팔 수 있다는 확답은 못 얻었기에 기운이 빠졌습니다.

마지막으로 옆 단지 아파트 상가에 있는 중개업소 세 군데만 돌아보기로 하고 자리를 옮겨 들어간 중개업소 여사장이 저에게 되물었습니다.

"시세가 문제가 아니라고요. 사장님이라면 현재 시황에 그 오피스텔 사시겠어요?"

말문이 막혔습니다. 엄청난 화장발을 자랑하는 그 여사장은 사람을 참 숨 막히게 말을 했습니다. 여사장은 아예 컴퓨터 화면을 돌려 지역 중개업소 네트워크망에 오른 해당 오피스텔 매물을 저에게 다 보여주었습니다.

'헉, 50개가 넘는다….'

그 50개 넘는 물건들 중 겹치는 것들도 여럿 되겠지만 기본적으로는 매물 적체 현상을 뚜렷하게 보이고 있었습니다. 같은 평형대의 오피스텔 중 제가 생각하는 최악의 매도 금액까지 내려와 있는 매물은 다행히도 없었습니다. 저는 최악의 매도 금액을 제시하고 싶은 마음을 간신히 억누르며 중개업소를 나왔습니다.

무엇이 문제였는지는 자명합니다. 급하게 입찰을 결정했던 것입니다. '싸게 잡고 돈 한 푼 안 들이면서 명도만 잘하면 뭐하나' 하는 생각이 들었습니다. 지역 분석과 매도 가능성 분석에서 실패했기에 할 말이 없었습니다. 시간이 흘러 나중에 잘 팔린다 하더라도 이번 투자는 저에게 실패 사례로 남을 것이라는 생각이 들었습니다. 사무실로 돌아온 저는 긴 한숨을 내쉬며 그날의 긴 피곤을 다독였습니다.

그 오피스텔 말고도 적체되어 있는 나머지 물건들도 상황은 엇비슷했습니다. 두 건은 철거 소송을 진행 중이었고, 한 건은 합의를 끝낸 지 오래되었으나 돈이 없다고 벌써 몇 번째 거짓말에, 연락두절에, 잠수에 한숨만 나왔습니다. 단기에 되팔 욕심으로 너무 급하게 일을 진행시켰다는 자책감이 자꾸 엄습해왔습니다.

자기주도 인생의 기쁨과 그 무한한 책임감

그 시점에서 제가 할 수 있는, 짜낼 수 있는 모든 생각을 총동원해야 했고 할 수 있는 모든 일을 했습니다. 그리고 조금만 더 성질을 가라앉히고 차분히 기다리자고 마음을 먹었습니다. 모든 일이 생각대로만 된다면 벌써 재벌이 되어 있어야 하겠지만 세상일이 그렇듯 간단하게 이루어지는 게 아니니 조금만 숨을 돌리자고 스스로를 세뇌시켰습니다. 그래야 했습니다. 물론 부동산경매라는 것이 예상하고 계획한 일정에 따라 착착 진행되고 돈이 들어오는 일이 아님을 너무나 잘 알지만, 그래도 3개월 혹은 6개월 단위로는 나름대로 일정을 짜고 자금 입출을 관리했었는데 당시엔 그 일을 하는 게 무의미하게 느껴질 정도였습니다.

그렇게 하루하루를 보내던 어느 날 강원도 물건에 같이 투자한 동생이 저에게 조심스레 말을 건넸습니다.

"형님, 적체되어 있는 강원도 물건 채무자의 형하고 얘기해보면 어떨까요?"

합의된 내용이 있었음에도 계속 돈이 없다고 회피하던 채무자의 물건에 대해 동생이 한 번씩 그 사람 대신 그 형한테 달라고 해보자고 했지만 저는 애써 동생의 말을 외면하고 있었습니다. 그 동생은 이전 직장에서 저와 오랜 시간 함께 근무했던 인연이 있었기에 가끔 만나 서로의 소식을 주고받고 있었습니다. 그래서 제가 무슨 일을 하는지 잘 알고 있었는데, 그 일을 꽤 재미있어 하며 나름의 성과를 만들어내는 저를 보고 어느 날 부동산경매를 배우겠다며 회사를 그만두고 찾아왔습니다. 따라서 그 동생은 일종의 제자 입장이고, 저는 가르치는 사람이었기에 그간 저는 동생 말을 전혀 듣지 않았습니다. 그리고 채무자가 형하고 거의 원수처럼 지낸다고 했던 말만 믿고 있었습니다. 그런데 그날은 이상하게 동생이 제안한 그 말이 귀에 들어왔습니다.

"그래, 그렇게 해보자. 이제 그래야 할 것 같다."

순순히 답한 저는 곧바로 전화기를 들어 채무자의 형에게 연락을 했습니다. 채무자의 부정적인 말을 기억하고 있던 저는 조심스러웠지만, 그 채무자의 형 입에서는 전혀 다른 말이 나왔습니다. 바로 다음 날 시간을 내준 채무자의 형은 계약금을 건네며 일주일의 시간만 주면 잔금을 마련하겠다고 했습니다. 역시 가족이란, 그리고 형의 책임감이란 참 대단하다는 것을 느꼈습니다. 꽤 시간이 지났음에도 강원도에서 올라오던 길에 느꼈던 그 환희가 아직도 생생합니다. 우여곡절이 있긴 했으나 결국 형과 약속한 그날 그 시간에 잔금을 건네받고 모든 계약을 마무리했습니다. 그렇게 1년 가까이 저를 애먹이던 그 조그만 물건을 떠나보냈습니다. 아주 시원한 느낌이었습니다.

그동안 옆에서 계속 채무자의 형에게 이야기해보자고 했던 동생의 말이 왜 그제야 제 귀에 들어왔는지 의아했습니다. 제 마음속에 왜 그 따위 쓸데없는 고집이 들어 있었을까 싶기도 하며 동생에게 미안하고 고마운 마음이 들기까지 했습니다.

그렇게 강원도에서 기분 좋게 마무리를 한 이틀 뒤 이번에는 오피스텔을 사겠다는 사람이 나타났습니다. 만족스러운 가격은 아니었지만 그래도 얼마간의 수익을 남기고 오피스텔을 처분했습니다. 기대했던 수익은 아니었지만 이번에도 전혀 미련은 없었습니다.

뒤이어 남아 있던 두 개도 동시다발적으로 팔려나갔습니다. 불과 한 달 새 적체되어 있던 네 개의 물건이 모두 팔려나간 것입니다. 한꺼번에 돈이 들어오니 엄청 부자가 된 느낌이 들었습니다.

그때 어렴풋이 깨달았습니다. 자기 인생의 주인으로 사는 기쁨과 그 무한한 책임감이 얼마나 중요한지 말입니다. 내 인생의 주인은 나 자신입니다. 그렇지만 내가 전지전능한 힘을 가진 주인은 결코 아닙니다. 그 일을 통해 자기 인생의 주인으로 살기가 얼마나 힘든지를 다시 한 번 경험하게 되었습니다. 또 겸손해야 한다는 것을 배웠습니다. 동시에 직장에 매여서 남을 위해 사는 것보다는 이렇게 자유인으로 사는 게 얼마나 행복한지도 다시금 깨달았습니다.

정글보다 냉정한
투자의 세계

제가 경험한 첫 경매는 부지불식간에 지나가버렸습니다. 그때는 뭐가 뭔지 제대로 파악도 안 된 상태에서 벌어진 상황이었기에 마무리가 된 뒤에도 이게 정말 끝이 난 건가 실감이 나지 않았습니다. 하지만 잘 몰랐기 때문에 오히려 더 과감할 수 있었고, 제대로 몰랐던 첫 경험이 저에게 더 큰 용기를 주었습니다. 뿐만 아니라 그 다음을 향해 계속 도전할 수 있는 힘을 얻게 되었다고 생각합니다.

이후 여러 차례의 투자 경험을 하면서 점차 쉽지 않다는 생각이 들었습니다. 기본적으로 저는 그릇이 그다지 큰 사람이 아니었습니다. 한마디로 소심하다는 말입니다. 그래서 순간순간 벅찬 상대를 만날 때마다 제 지식의 부족함보다는 '혼자'여서 어렵다는 생각이 많이 들었습니다. 부동산경매라는 것은 아주 오래 걸어갈 길인데 혼자서 걸어가기엔 너무 길고 힘들어 보였습니다. 혼자보다 여럿이 가면 외롭지 않고, 혼자일 때보다 더 큰 힘이 생길 것 같았습니다. 빨리 가다가 지치는 것보다 같이 오랫동안 걸으며 최대한 멀리 가고 싶었던 것입니다.

그래서 제 주변을 돌아보았습니다. 하지만 워낙 좁은 인간관계 탓에 투자에 관해 논의할 만한 사람 하나 제대로 없었습니다. 망할 놈의 성격을 가지고 있는 게 누구 탓이겠습니까? 그저 제 탓을 할 수밖에 없었습니다. 그나마 있는 주위의 몇몇 사람에게 넌지시 의향을 떠보았지만 그들의 첫마디는 어쩜 그렇게 다들 똑같았는지 모릅니다.

"그거 돈 많이 들잖아."

"해보고 싶긴 한데 돈이 없어서…."

"내가 아는 사람이 그거 하는데…, 이러쿵저러쿵…."

한번은 중개업소를 하는 선배에게 부동산경매 투자를 하는 것에 대해 물었더니 대번에 부정적인 답변을 하는 것이었습니다. 자기도 몇 번 해봤는데 별로 돈도 안 되고 힘만 들었답니다. 말은 청산유수였습니다. 부동산경매에 대해 쭉 풀어놓는데 권리분석에서부터 낙찰과 명도협상 과정까지 한 편의 드라마를 길게 읊조리는 듯했습니다. 결론은, 자신은 부동산경매를 안 한다고 했습니다. 그다지 매력적이지 않은 투자라는 것을 나름 충분히 경험했기 때문이랍니다.

군대도 안 가본 사람이 더 잘 안다고 하더니 군대만 그런 게 아니었습니다. 말을 꺼낼 때마다 제가 하는 이야기보다 상대방에게서 나오는 이야기가 훨씬 더 많았습니다. 그리고 아는 것도 상대가 훨씬 더 많았습니다. 부동산은 우리나라 사람 모두의 관심사여서 그런지 부동산에 대해 아는 사람이 뭐 그리 많은지 모르겠습니다.

기대는 하되 기대지는 마라

저에게 부동산경매 단기투자를 배운 후 한동안 연락 없이 지내던 분이 있었습니다. 그분에게서 열정과 괜찮은 자질이 보였기에 내심 투자를 꽤 잘할 수 있을 것이라 생각했었는데 오래 지나지 않아 더 이상 질문이나 연락이 없었습니다. 꾸준히 투자하면 언제고 파트너로서 투자를 같이 할 수도 있을 것이라 기대했었던 만큼 약간의 허망함도 있었습니다. 하지만 투자를 억지로 할 수는 없는 일이기에 안타까워만 하던 차에 어느 날 갑자기 그분에게서 만나고 싶다는 연락이 왔습니다.

사무실에서 그분을 뵙고 반갑게 마주 앉아 일상적인 이야기를 나눴습니다. 그러다 잠시 뒤 그분이 주섬주섬 뭔가를 꺼내어 내밀었습니다. 뭔가 보니 그분이 저와 스터디를 한 이후 단기투자를 위해 경매로 매수한 부동산 관한 서류였습니다.

스터디를 할 때 저는 단기투자를 하려면 물건을 신중하게 분석해야 하니 투자를 하려면 꼭 저에게 먼저 물어보라고 말하곤 했습니다. 헌데 알고 보니 그분은 저의 물건 보는 눈이 까다로워서 몇 번 저에게 확인을 받다가 지쳐서 혼자 일을 벌인 것이었습니다.

분명 괜찮은 투자자가 될 것이고 잘하면 좋은 투자 파트너가 될 수 있을 것이라 생각했던 분이다 보니 그런 식으로 서류를 내미는 모습이 별로 좋게 보이지 않았습니다. 하지만 이런 일도 종종 있기에 감정을 누르고 물건을 살펴봤습니다. 다행히 그리 나쁜 물건은 아니었습니다. 그래서 향후 어떻게 진행하라는 조언을 진지하게 해드렸습니다. 그랬더니 그분은 자신도 다 해봤는데 상대와 말이 안 통한다며 저보고 직접 협상을 진행해달라고 했습니다. 나쁘지 않은 건 자신도 알겠는데 협상을 하면 이상하게 상대에게 말린다는 것이었습니다.

원래 저에게 조언을 구하지 않고 투자한 건에 대해서는 협상을 도와드리지 않는 게 제 원칙이었지만, 그분이 워낙 간곡하게 부탁을 하셔서 그 자리에서 상대에게 전화를 걸었습니다. 상대는 전화를 받자마자 장시간 동안 하소연을 늘어놓았습니다. 일방적으로 자신의 말을 하는 상대의 어투 속에서 섭섭한 감정을 느낄 수 있었습니다.

한참 상대의 이야기를 듣고 난 뒤 저는 이제라도 서로 꼬여 있는 것을 제대로 풀어야 하지 않느냐고 말했습니다. 정말도 딱 그 말뿐이었습니다. 그런데 놀랍게도 상대가 바로 '그렇게 하자'라고 대답을 했습니다.

그렇게 협상의 실마리가 풀려서 결국 그 물건은 제가 본격적으로 참여한 지 열흘 만에 마무리가 될 수 있었습니다. 저에게 협상을 부탁한 그분은 경험이 부족했던 탓에 상대의 감정과 상관없이 오로지 자신의 주장만 펼쳤고, 거기에 기분이 나빠진 상대도 맞대응을 하며 일은 해결이 안 되고 감정싸움만 해왔던 것입니다.

제 옆에서 통화 내용을 듣던 그분은 신기한 듯이 쳐다보며 연신 고맙다는 말을 하고 돌아갔습니다. 저도 제 나름대로 뿌듯한 기분이 들었습니다. 잠깐 시간을 내어 통화 한번 해준 것이 그 일을 해결하는 데 결정적 역할을 했기에 자랑스러운 기분이 들기도 했습니다. 막막한 상황에서 제 도움을 받고 꼬였던 일을 해결하게 되었으니 앞으로 그분은 철저하게 저를 신뢰하게 될 것이라는 기대도 생겼습니다. 그 일 덕분에 그날 하루가 참 행복했던 기억이 있습니다.

어차피 투자는 홀로 서는 과정이다

그 일이 있고서 석 달 정도 지났을까, 그분에게서 다시 연락이 왔습니다. 저에게 도움을 받아 일이 잘 해결되자 이후 그분은 더 열정적으로 물건을 찾아다녔다고 합니다. 저는 기특하게 생각되는 한편 의아하기도 했습니다. 분명 물건 해결에 도움을 주면서 앞으로 투자를 할 때에는 되도록 저에게 물어봐주도록 당부를 했었는데 그 이후에도 그분은 저에게 투자 물건에 대해 조언을 구한 적이 없었기 때문입니다.

그분은 최근에 단기투자를 위해 투자한 물건에 대한 이야기를 풀어놓았습니다. 그러면서 소송을 해서 상대를 압박하려 하는데 소장을 어떻게 작성해야 하는지 물었습니다.

기가 막혔습니다. 어려워할 때 손을 내밀어 도와줬는데 이후 말 한마디 없이 또 투자를 하다니 정말이지 기분이 더러웠습니다. 어느 정도 실력이 갖춰졌다면 모르겠지만, 아직 설익었기에 투자하기 전에 물어보고 투자하라고 말을 했던 것인데 제 말을 무시하고 또 혼자서 투자를 하고 나서 당당하게 찾아와 저에게 도움을 요청하는 것이었습니다.

이번에도 애써 참고 이런저런 상황에 대해 묻자 그분은 그간의 협상과정에 대해 풀어놓으며 은근히 이번에도 협상을 도와달라는 말을 섞어서 이야기했습니다. 전에는 안타까운 마음이 있었기에 도와주고자 하는 생각이 들었지만 이번에는 아니었습니다. 그분의 이야기를 듣는 내내 제 가슴속에는 냉기만 차오르고 있었습니다.

제가 지난번의 일을 상기시키며 직설적으로 거부의 뜻을 밝히자 그분은 당황스러운 듯 말을 늘어뜨렸습니다. 협상이 잘 해결되면 충분한 사례를 하겠다고도 했습니다. 하지만 이미 냉기가 가득 차오른 제 마음은 돌아서질 않았습니다. 오히려 제 호의를 돈으로 연결 짓는 그분의 계산적인 생각에 실망감만 더 부풀어올랐습니다.

제가 이전에 그분의 투자 문제를 도운 건 정말 순수한 마음에서였습니다. 그리고 그때 저는 단 한 푼의 사례도 받지 않았습니다. 솔직히 말하면 나중에 저도 그분에게 도움을 기대하는 마음이 조금은 있었습니다. 그것이 투자의 세계에서 올바르게 나아가는 길이라고 생각했습니다. 하지만 그것은 단지 저 혼자만의 착각이었고, 그분은 제 마음과 같지 않았습니다. 제 의지가 굳건하다는 것을 확인한 그분은 뭐가 잘못됐는지 이해할 수 없다는 표정을 지으며 사무실을 떠나갔습니다.

그때 이후 저는 누군가 저에게 문제 해결을 요청해오면 제가 먼저 상대에게 일정한 부담을 지웁니다. 즉, 제 도움으로 인해 일이 잘 해결되고 일정한 수익이 생기면 그에 비례해 저에게도 사례를 하도록 하는 것입니다. 그런 일이 자주 있는 것은 아니기에 그것은 제게 굉장히 부차적인 일입니다. 그건 단지 서로 간에 발생할 수 있는 불미스러운 일을 예방하는 차원에서 만든 규칙입니다. 단언컨대 수익을 얻기 위한 것이 아니라 제 도움을 옆에서 보고 배워 스스로 홀로 서는 시기를 좀 더 단축시키는 데 도움이 되고자 하는 것입니다. 그렇게 해서 제 도움을 얻었던 분이 성장한 후에 저도 그분의 도움을 받을 수 있게 될 것이기 때문입니다.

<u>투자는 누군가의 도움으로 완성되는 것이 아니라 스스로의 단련을 통해 만들어가는 것입니다.</u> 그 과정에서 같은 길을 가는 사람

들과 인연을 만들고 서로 조언을 주고받는다면 힘들어도 끈기 있게 나아갈 수 있습니다.

　투자의 세계는 한없이 냉정합니다. 방금 전까지 서로 도움을 주고받으며 오래도록 투자의 동반자로 함께하자던 사람들도 돈 앞에서는 안면 몰수 하는 일이 다반사입니다. 그런 투자판에서 오래도록, 그리고 잘 살아남으려면 자신만의 실력을 키워야 합니다. 다른 사람의 도움을 받을 수는 있지만, 매번 남의 도움만으로 투자할 수는 없습니다. 투자는 결국 홀로 서는 힘을 길러야 살아남을 수 있습니다. 끊임없이 공부하고 실력을 키우며 조금씩 나아가야 합니다. 그것이 투자판에 들어온 우리가 해야 할 일입니다.

분수에 맞게 투자하라

한창 부동산경매를 배우러 다니던 때의 일입니다. 전라도 광주에 아주 좋아 보이는 단기투자 물건이 나왔습니다. 변변찮은 실력이어서 물건 보는 눈은 없었지만 그래도 당시 제 눈에는 엄청 좋아 보였습니다. 그런데다가 제 주변에서 부동산경매를 하는 사람 중 어느 누구도 그 물건에 대해 말하는 사람이 없었습니다. 저 혼자 진흙 속에 묻혀 있는 진주를 찾았다고 좋아했습니다. 보면 볼수록 탐나는 물건이었습니다. 꿈속에도 그 물건이 나올 정도로 정말 그 물건에 흠뻑 빠져 있었습니다.

200평의 넓은 땅 위에 건평 100평의 저택이라고 부를 만한 웅장한 집이 세워져 있었는데 건물은 매각에서 제외되고 땅만 경매에 나왔습니다. 그러다 보니 일반 투자자들의 관심 밖으로 밀려나 여러 차례의 유찰 끝에 원래 2억이 넘는 땅의 가격이 1억 밑으로 떨어질 만큼 떨어진 상태였습니다. 처음 이 물건을 찾고 나서 저는 온 몸에 전율이 이는 것을 느꼈습니다. 꼭 제가 낙찰 받아야만 할 것 같은 착각이 들었습니다.

결국 저는 입찰일 전날 내려가 물건에 대해 조사해보고 입찰에 참가하기로 결심했습니다. 당시에는 한마디로 겁이 없었기에 뭐든 하면 잘될 것만 같은 착각에 빠져 있었습니다. "무식하면 용감하다"라는 말이 딱 맞는 시기였습니다.

광주로 차를 운전하고 가면서 생각보다 먼 거리에 조금은 놀랐습니다. 여러 번 휴게소에 들러 휴식을 취하며 그렇게 멀고 먼 광주에 오후 5시쯤 도착해 현장부터 갔습니다. 직접 보니 경매정보지 상에 나와 있는 사진보다 건물이 좀 낡긴 했지만 그래도 그 물건은 반짝반짝 빛을 내며 저를 기다리고 있었습니다. 제 눈엔 딱 그렇게 보였습니다.

낙찰을 받으면 어떻게 하겠다는 구체적인 계획도 없었습니다. 그냥 워낙 좋은 물건이니 낙찰을 받으면 바로 되팔 수 있을 것만 같았습니다. 그저 그런 망상에 사로잡혀 무조건 낙찰을 받아야겠다는 생각만 가졌습니다. 낙찰만 받으면 어떻게 되든 잘될 것만 같았습니다. 그리고 그렇게 믿었습니다. 어리석게도 제가 하는 일은 항상 잘 풀릴 거라고만 생각했습니다. 당시를 생각하면 그때는 제게 그런 시기였습니다.

두려움 속에
입찰에 뛰어들다

그렇게 하루가 지나고 다음 날 아침, 법원에 가기 전 현장을 한 번 더 보기 위해 저는 그쪽으로 차를 몰았습니다. 도착하고 보니 어제 보지 못했던 검은색 고급 차량 두 대가 집 앞에 나란히 서 있었습니다.

'뭐지?'

순간 온 몸이 '쎄~' 하면서 오싹한 느낌이 들었습니다. 본질적으로 저는 강한 것과는 거리가 꽤 먼 사람입니다. 분명 제 성질이 더럽긴 하지만 그렇다고 강한 것은 아니기에 저는 그때 엄청 두려웠습니다. 속으로 온갖 무서운 상상을 혼자 다 했습니다. 현실에서 결코 일어나지 않을 만한 일까지 짧은 시간에 다 상상하고 말았습니다. 제가 배웠고, 또 아는 대로라면 건물의 소유주가 돈 있는 사람이니 충분히 단기간에 되팔 수 있는 좋은 물건이었습니다. 하지만 당일 아침 제가 느낀 점은 '이거 잘못하면 끝장나겠다'라는 것이었습니다.

그때부터는 입찰금액을 얼마로 쓰느냐가 문제가 아니었습니다. 제 머릿속을 헤집고 다닌 문제는 '어떻게 하면 이걸 입찰 안 할까?'라는 것이었습니다. 제가 광주에 입찰하러 온 걸 아는 사람은 아무도 없었지만, 저는 일단 스스로에게 부끄러웠습니다. 그러므로 이제부터 저에게 필요한 건 스스로 부끄럽지 않기 위한 핑계를 찾는 것이었습니다. 고작 차 두 대를 본 것뿐인데 혼자 온갖 상상을 다하며 입찰 안 할 핑곗거리를 찾기 시작한 것입니다. 마치 수업 후 반에서 싸움 제일 잘하는 애랑 싸워야 하는 초딩처럼 그렇게 저는 한동안 핑곗거리를 찾았습니다.

한참을 고민했지만 도무지 뾰족한 수가 떠오르지 않았습니다. 아무리 핑곗거리를 찾으려 애를 써도 제가 아는 수준에서는 그 물건이 너무 좋았습니다. 지금 같으면 부끄럽든 말든 그냥 올라올 텐데 그때는 자존심이 우선이었습니다. 결국 저는 힘없이 법원으로 입찰을 하러 갔습니다. 하지만 가는 도중에도 끊임없이 저 자신과 싸워야 했습니다.

'지금이라도 그만두자. 지금 가면 오후 2시엔 집에 들어갈 수 있고 그럼 편하게 씻고 푹 쉴 수 있다.'

'아니, 그건 아니지. 하루를 소비하며 준비했는데 고작 그런 두려움 때문에 입찰도 안 해보고 올라가다니 미친 거 아냐? 그럴 거면 경매를 때려치워야지.'

이성과 감성 사이에서 한참을 고민하다 겨우 찾아낸 타협안은 입찰가격을 최대한 낮게 쓰는 것이었습니다. 지금 생각하면 정말 어처구니가 없는 일입니다. 하지만 그때의 전 제가 아니었습니다. 꼭 누군가 뒤에서 저를 조종하는 느낌이었습니다. 온통 핑곗거리만 찾고 있는 저 스스로에게 실망이었습니다.

한참 동안 망설이던 저는 최저가 8,100여 만 원짜리에 고작 500만 원을 더 쓰고는 떨리는 심장을 부여잡고 입찰봉투를 제출했

습니다. 당시의 광주법원은 12시에 마감을 하고, 약 30분 후에 각 물건에 대해 몇 명이 입찰했는지 알려주고 나서 개찰을 시작했습니다. 개찰을 기다리는 내내 한번 겁을 먹은 제 심장은 쉽사리 제자리로 돌아오지 않았습니다. 제 평생 그때처럼 패찰이 간절했던 적은 없었던 것 같습니다. 제 심장 뛰는 소리를 들은 것도 그때가 난생처음이었기에 저는 정말 좌절했습니다. 개찰을 기다리는 내내 제 자신이 미웠습니다.

'고작 이 따위 물건 하나에 이렇게 오그라들다니…'

절망적이었지만 그게 제 현실이기에 어쩔 수 없었습니다. 그렇게 불편한 감정을 안고 오래 기다린 끝에 12시가 넘어 각 물건의 입찰자 수를 발표하기 시작했습니다. 제가 입찰한 그 환장할 물건에는 총 7명이나 입찰을 했습니다. 저는 안도했습니다. 제가 낙찰받을 가능성이 적어진 것에 감사했습니다. 지금 생각하면 정말 비겁한 행동이지만 당시에는 그랬습니다. 그렇게 소심하게 투자를 했습니다.

과욕은 금물, 마음을 비우고 투자하라

저는 다행히 7명 중 6등으로 패찰을 했습니다. 그동안 여러 번 패찰을 경험했지만 당시처럼 그렇게 패찰이라는 게 기분 좋은 일이라고 느낀 적은 없었던 것 같습니다. 그렇지만 좋은 기분과는 달리 제 자신은 정말 초라해지고 있었습니다. 지금 생각해도 당시의 제 모습은 깡그리 잊고만 싶습니다.

'왜일까? 왜 그랬을까? 도대체 왜?'

이후 수도 없이 낙찰과 패찰을 경험했지만 광주에서 느낀 그때의 그 황망함을 다시 경험해 보지는 못했습니다. 하지만 아직도 저는 가끔 그때의 일이 떠올라 스스로에게 부끄러울 때가 있습니다.

그 일 이후 저는 누구와 같이 입찰을 가거나 공동투자를 하게 되면 항상 먼저 앞장서서 입찰을 했고, 점유자와의 협상에서도 누구보다 먼저 앞서 나가 협상에 임했습니다.

그때의 제 행동을 보고 주변에서 간혹 참 용감하다고 하거나 간이 크다고 말하는 사람도 있었습니다. 하지만 사실은 제 자신의 소심함과 비겁함을 남에게 들키지 않으려 한 행동이었습니다. 정말 그랬습니다. 제 두려움을 남에게 드러내지 않으려 저는 항상 다짐합니다.

'겁먹지 말자. 스스로에게 비겁해지지 말자.'

그날 이후 제가 결심한 것이 있습니다. 그것은 바로 제 분수에 맞는 물건에만 투자하자는 것입니다. 자신의 그릇을 알고 분수에 맞는 물건에만 투자하기에도 벅찬 것이 당시의 제 현실이었습니다. 그럼에도 불구하고 무지해서 용감했던 저는 그때의 경험 이후 급 겸손해질 수 밖에 없었습니다.

언제고 제가 제 분수를 넘어서는 순간 저는 비겁한 모습을 다시 보일 수밖에 없을 것입니다. 제 자신이 스스로 그것을 너무나 잘 알고 있습니다. 제가 대범하지 않다는 것을 말입니다. 그렇기에 저는 오늘도 겁을 누르며 입찰을 하러 갑니다. '패찰 하면 좋고 낙찰 받으면 할 수 없고'의 자세로 말입니다. 과욕은 금물입니다. 마음을 비워야 투자를 좀 더 잘할 수 있게 됩니다.

경매판에 들어가도
정신만 똑바로 차리면 된다

'이해가 안 되면 외워라!'

가끔 상대방이 제가 의도한 바와 다르게 제 이야기를 받아들이는 경우가 있습니다. 그럴 때면 정말 답답한 마음이 듭니다. 특히 특정 사람과 이야기할 때 그런 일이 반복되면 거의 미칠 지경이 됩니다.

지방에서 돈사를 낙찰 받았을 때의 일입니다. 낙찰을 받은 김에 당일로 인사를 하러 갔습니다. 현장에 가서 보니 마침 점유자가 일을 하고 있습니다. 낙찰자라며 인사를 했더니 한껏 비웃는 듯한 표정을 지으며 뭐 하러 사서 고생을 하느냐고 물었습니다. 날이 더워서 그랬는지, 머리가 아팠던 탓인지 그 말이 곱게 들리지 않았습니다. 그래서 한마디 얹었습니다. 앞으로 돼지는 어디서 키우려 그런 말을 하느냐고. 점유자는 잠깐 움찔하는가 싶더니 바로 태연스레 대답했습니다. 당신이 상관할 일이 아니라고 말입니다.

맞는 말이었습니다. 제가 낙찰 받은 건 땅이지 돼지는 아니니 내 것이 아닌 돼지를 어디서 키우든 잡든 전혀 제가 상관할 바는 아니었습니다. 이런저런 대화 끝에 점유자가 말했습니다. 자신은 일만 할 뿐 돼지 주인은 따로 있다는 것이었습니다. 그러니까 그 사람과 이야기해야 한다고 했습니다. 연락처를 달라고 했더니 오히려 제 연락처를 주면 전달은 해주겠다고 했습니다. 할 수 없이 연락처를 건네고 돌아서는 발걸음이 씁쓸했습니다.

제가 받은 땅은 지목이 '전'이니 농지취득자격증명서를 발급받아야 했기에 면사무소에 들러 발급받은 뒤 그날은 그대로 돌아왔습니다. 그리고 한 열흘쯤 지났을 때 돼지의 진정한 소유자라는 사람과 연락이 닿았습니다. 한데 통화가 되자마자 그 사람이 대뜸 물었습니다.

"당신, 뭐 이런 골치 아픈 '구상권' 있는 물건을 받았어?"

무슨 말인가 싶어 한참을 생각했는데 도통 이해가 안 됐습니다. 여기서 구상권이란 말이 왜 나오는지 알 수가 없었습니다. 할 수 없이 조심스레 되물었습니다.

"구상권이 뭔가요?"

"내가, 거기 돼지 키우는 사람한테 받을 게 있거든. 그거 받을 때까지 그 땅 못 넘겨줘. 난 권리가 있어. 그게 구상권이야."

더 이해가 안 갔습니다. 무슨 소리를 하는 건지 당최 이해가 안 되는데 그냥 외워야 하나 싶기도 했습니다. 전화로 이야기해서 서로 대화가 안 되나 싶어 일단 만나자고 제안을 했고, 며칠 후 잔금을 내러 갈 때 잠깐 만나기로 했습니다. 여전히 이해는 안 갑니다. '구상권'이라는 것 말입니다.

의사소통에 실패하면 일이 틀어진다

며칠 후 잔금 기일에 맞춰 내려가 돼지 소유자를 만났습니다. 만나고 보니 그분은 말끔한 얼굴에 나름의 사업체를 운영하고 있었습니다. 돼지하고는 어울리지 않는 모습이었습니다. 앞에 두고 이야기하니 이해가 좀 더 쉽게 되었습니다.

그 돼지 소유자의 말로는 원래 그 땅 주변이 모두 지금 돼지 키우는 사람 소유였는데 경매로 나와서 자기가 다 사들였다고 했습니다. 그러면서 지금 그 땅도 자기가 낙찰 받으려고 준비 중이었는데 제가 받아서 골치가 아프다고 했습니다. 역시 만나서 이야기하니 척척 이해가 되었습니다.

잘됐다 싶어 그럼 다시 사가라고 했더니 지금은 돈이 없다고 하는 것이었습니다. 그리고 제가 말하는 그 가격에는 살 수가 없다고 했습니다. 그럼 어쩌자는 거냐고 물었더니 대답은 안 하고 자기가 살아온 과정을 이야기했습니다. 저는 어쩔 수 없이 들어줬습니다. 부동산경매를 하다 보면 자기 사연을 말하는 사람을 수도 없이

만납니다. 시간이 없으면 중간에 끊지만 저는 대체로 그 사연을 최대한 들어주려고 하는 편입니다. 그래야 상대의 상황을 잘 이해할 수 있고, 협상도 좀 더 부드럽게 이루어지는 경향이 있기 때문입니다.

그분이 말하는 사연은 무지하게 길었지만 짧게 요약하면 이렇습니다.

'자신은 원래 S모 대기업에서 부장까지 지냈는데 뜻한 바가 있어 지금은 자금을 모으려 사업을 하는 중이다. 큰 욕심 없이 자기가 생각한 액수만 모이면 미련 없이 그만두고, 돈사를 중심으로 경매받은 땅에 사회복지원을 세워 오갈 데 없는 고아들을 돌보고 싶다.'

세상에 악한 사람은 없다더니 이 양반도 나름 참 착한 생각을 하고 있었습니다. 다 믿을 수는 없겠지만 그 말 속에서 어느 정도 진심이 느껴졌습니다.

하지만 세상일이라는 게 생각한 대로만 될 수는 없는 법, 제가 낙찰 받은 땅이 없으면 상대방이 그간 모은 땅은 도넛처럼 가운데가 휑해져버릴 형편이었습니다. 상대의 사연이 사기인지, 진심인지 속을 파악할 수는 없었으나 저는 마음이 약해져 금액을 대폭 양보하여 다시 제안을 했습니다.

그 만남에서 합의는 이루어지지 않았지만 상대는 고민을 해보고 그날 안에 연락을 주기로 약속을 했습니다. 그리고 돌아가는 차 안에서 전화를 받았습니다. 제가 제안한 대로 따르겠다는 내용이었습니다. 저도 이미 많이 양보를 했지만 흔쾌히 그러자고 하며 계약일자를 서로 맞췄습니다. 그렇게 일이 순조롭게 마무리되는 듯했습니다.

저는 약속한 시기에 맞춰 연락을 하고, 당일 매매계약서를 준비해 돼지 소유자의 사무실로 갔습니다. 그는 바쁜 일을 처리하고 있었는지 잠시 기다리라고 한 뒤 오전의 일을 마무리하고 와서는 여기서 계약하는 것보다 법무사사무실로 이동해서 바로 처리하자고 했습니다. 그렇게 같이 법무사사무실로 가서 등기에 필요한 서류를 넘겨주고, 계약서를 쓰며 매매대금을 받으려는데 이왕 내려온 거 같이 점심이나 먹고 올라가라고 강권했습니다. 남도 음식이 맛있다더니 간장게장에 비벼먹는 밥이 참 맛있었습니다.

식사를 마치고 다시 돼지 소유자의 사무실로 이동해 자리에 앉자마자 상대가 품에서 봉투 하나를 꺼내 저에게 건네주었습니다. 약속한 매매대금이었습니다. 깔끔하게 일 처리를 하는 듯하여 굳이 세어보지 않으려다가 혹시나 싶어 봉투에서 돈을 꺼냈는데 생각보다 얇은 것이었습니다.

하나하나 세어보기 시작하는데 우리가 약속한, 아니 제가 말한 금액과 차이가 났습니다. 큰 금액도 아니었습니다. 대략 50만 원 정도의 차이였습니다. 잘못 계산했나 싶어 웃으며 50만 원이 빈다고 말했습니다. 한데 그게 맞다고 하는 것이었습니다. 어이가 사라지기 시작했습니다. 제가 웃음을 거두고 진지하게 답했습니다. 우리는 ××× 원에 계약하기로 했다고 말입니다. 그랬더니 자신이 언제 그랬느냐고 그도 진지하게 되물었습니다. 얼굴을 보니 농담이 아니었습니다. 뭔가 이상하다 싶어서 지난번에 만나서 이야기한 것과 전화로 통화하고 합의한 것에 대해 다시 한 번 천천히 복기를 해가며 이야기를 했습니다. 그런데도 그는 아니라고 했습니다.

답답했습니다. 분명 50만 원이 큰 돈은 아니지만 서로 의사소통에 실패해 계약까지 틀어지게 생길 지경이었습니다. 이제는 수익의 문제가 아니라 자존심의 문제로 넘어가고 있었습니다. 그렇게 우리는 약 30분 동안 사라진 50만 원에 대해 서로의 주장만 하고 있었습니다.

상황이 너무나도 우스웠습니다. 저는 제가 말한 금액이 맞다고 계속 주장을 하고, 그는 그 금액으로 합의한 바가 없고 자기가 생각하는 금액으로 하기로 했다고 계속 주장했습니다. 이야기가 점점 산으로 가고 있었습니다. 이해할 수 없는 상황이 발생한 것이었습니다. 전혀 이해할 수가 없었습니다. 이건 정말 외울 수도 없고 외워서는 해결이 안 되는 상황이었습니다.

논리가 통하지 않을 땐 감성에 호소하라

논리가 통하지 않는 경우가 부지기수라지만 이건 좀 아니다 싶었습니다. 마지막 수단을 생각했습니다. 바로 계약을 파기하자는 것이었습니다. 제가 돈을 돌려주고 법무사에게 가서 서류를 반환받겠다고 했더니 그분은 그건 또 아니지 않느냐고 했습니다. 어쩌자는 건지 머리만 아파올 뿐이었습니다.

저는 논리가 아니라 감성에 호소하기로 하고 천천히 다시 한 번 말했습니다.

"사장님, 50만 원이 큰 돈이 아닌데 제가 그거 더 받자고 여기 와서 지금 거짓말을 하고 있겠습니까? 그건 사장님도 마찬가지일 겁니다, 그렇죠?"

당연히 그는 그렇다고 답했습니다.

"그럼 지난번 대화 중에 서로 경황이 없어 사장님과 저, 두 사람 다 '×××원으로 계약합시다'라고 정확하게 짚고 넘어가지 못한 책임이 있습니다. 그렇습니까?"

또 그렇다고 했습니다.

"그럼 둘 다 다시 한 번 조금씩 양보합시다. 원래 반씩 책임을 져야 하지만, 저는 멀리 서울에서부터 내려왔으니 동생이라 생각하시고 좀 더 생각하셔서 30만 원만 더 챙겨주시면 좋겠습니다. 그렇게 못하시겠다면 저는 이 모든 일이 제 탓이라 생각하고 그냥 50만 원을 포기하고 올라가겠습니다."

안 되면 말자는 심정으로 나름의 승부수를 띄웠습니다. 그러자 그는 잠시 고심하더니 이내 30만 원을 꺼냈습니다. 그리고 저에게 건네며 미안하다고, 제 말처럼 서로 조금씩 양보하는 게 합리적인 것 같다고 말했습니다. 그렇게 그날이 또 지나가고 있었습니다.

저는 지금도 여전히 그날의 일이 이해가 가지 않습니다. 어디서부터 생각이 엇갈렸는지, 또 제가 잘못한 것은 무엇인지 아무리 생각해도 알 수가 없습니다. 그 이전 그리고 그 이후 수도 없이 계약을 했지만 그런 경우는 아직 다시 경험해보지 못했습니다.

제가 의도한 바와 다르게 상대방이 이해한다는 것은 정말 두려운 일입니다. 그리고 그건 수익이 아니라 자존심의 문제입니다. 또다시 이런 일을 겪지 말란 법은 없기에 더더욱 그렇습니다.

그날의 힘든 마무리가 끝나고 자리에 누웠을 때 어쩐지 마음이 개운치 않았습니다. 아직도 가끔 그날을 생각할 때면 가슴이 갑갑합니다. 물론 정확히 확인하지 않은 제 잘못이 큽니다. 100% 그가 잘못했다고 생각하지 않습니다.

모든 것은 다 제 문제입니다. 그렇게 생각하는 것이 가장 속 편합니다. 답 없는 문제를 붙들고 고민해봐야 머리만 더 복잡해집니다. 그냥 다음번에는 정신을 똑바로 차려야겠다고 다짐하는 게 훨씬 더 낫습니다.

때로는 욕심을
자제할 줄 알아야 한다

    어느 날, 같이 부동산경매를 하는 동생이 물건 하나를 추천했습니다. 언뜻 보기에 별로인 것 같았지만 동생의 생각은 달랐습니다. 해당 지역은 도시계획에 의거해 공공도로 신설이 예정되어 있고, 경매 물건은 그 한가운데 있어 보상이 실시되면 대박이라는 것이 동생의 생각이었습니다.

    계획은 계획일 뿐 만약 도로 신설이 늦어지면 어떻게 할 것인가에 대해 동생은 이미 그 지역에는 '조만간 보상이 실시될 것'이라는 소문이 많이 퍼져 있으므로 사람들이 이에 대한 기대 심리를 가지고 있을 거라고 말했습니다. 그러면서 만약 보상이 늦어지면 상대적으로 기다릴 여유가 더 있는 해당 지역의 사람들에게 저렴한 가격에 팔고 나오자고 했습니다.

    그 말이 일리는 있었으나 어디까지나 가정이고 추측일 뿐이었습니다. 투자하기 전 몇 가지 확인이 필요했습니다. 가장 중요한 것은 보상의 예상 시점과 예정 가격이었습니다. 여러 군데를 쑤셔본 결과 정확히는 알 수 없으나 보수적으로 봐서 아무리 늦어도 입찰일로부터 1년 이내에는 보상이 실시되고, 보상 가격은 해당 물건 경매 감정가의 90% 수준일 것으로 예상되었습니다. 그 외에도 확인하지 못한 여러 가지 문제점들이 있긴 했으나 동생이 하고자 하는 생각이 강해 함께 공동투자를 하기로 했습니다.

가격은 감정가의 34% 수준이었습니다. 굉장히 떨어진 가격임에도 아직 아무도 입질을 안 했다는 것은 어느 누구도 정확한 보상 시점과 보상 가격을 예측하지 못했다는 방증일 수도 있었습니다. 불안했지만 그래도 한번 질러보기로 했습니다.

투자 상황은
수시로 바뀌는 법

입찰 당일에 저는 일이 있어 동생이 혼자 갔고, 경쟁자 두 명을 제치고 감정가 대비 41%로 낙찰을 받았습니다. 괜찮은 가격으로 받은 것 같아 기분은 좋았습니다.

일단 낙찰자 신분으로 면사무소와 군청을 쑤신 결과, 해당 도로는 군청의 의뢰를 받아 농어촌공사가 대행해주는 사업이라는 것을 알게 되었습니다. 사실 입찰 전에도 알았던 내용이기는 했으나 그때는 관청에서 정확히 확인해주지 않아 어려움이 좀 있었는데 이제 확실히 알게 된 것입니다. 이후 따로 날을 잡아 해당 지역의 농어촌공사에 찾아가 도로 개설 일정 및 보상 시점을 문의했습니다.

그런데 시간이 한참 지나고 돌아온 담당자의 답변에 숨이 탁 막혔습니다. 당시 우리가 낙찰 받은 것은 1월 9일인데 보상은 1월 말에 예정되어 있고, 그 다음 주부터 각 소유주들에게 개별적으로 공지를 할 예정이라는 것이었습니다.

'헉, 소유권 이전은 앞으로 보름 이상 걸리는데…, 그동안 현 소유주에게 연락이 가버리면 앞 뒤 가리지 않고 경매를 취하시킬 텐데….'

강제 경매이긴 했지만 채권액이 천 몇 백만 원 정도밖에 되지 않아 취하하려면 충분히 방법이 있었습니다. 이것 참, 10년간 소문으로만 돌다가 낙찰 받자마자 보상을 실시한다니 기가 막혔습니다. 2주만 뒤로 미뤄달라고 하고 싶었습니다. 담당자에게 사정을 이야기하고, 해당 물건은 소유권 문제가 있으니 개별공지에서 일단 빼달라고 해봤지만 담당자는 원칙만 고수할 뿐이었습니다. 너무 잘되어도 문제가 되는 상황이 어처구니가 없었습니다.

이후 이틀에 한 번씩 농어촌공사에 전화를 해서 개별공지가 나갔는지 문의를 했습니다. 땅 짚고 헤엄치기 식으로 쉬운 일 같았는데 이렇게 힘들 수가 없었습니다.

다행히 감정 평가한 내역을 정리하고, 관청 내부 보고 단계를 거치며 보상을 위한 공지는 시간이 좀 지연되었습니다. 일이 지체되는 것을 좋아한 적은 제 평생 그때가 처음이었습니다.

마침내 잔금을 낼 수 있게 된 첫날 바로 돈을 찾아 법원으로 가서 잔금을 내고 등기촉탁까지 마무리했습니다. 이어 농어촌공사로 가서 우리가 해당 물건의 정당한 소유자임을 밝히며 보상을 빨리 하라고 큰소리 쳤습니다. 그랬더니 내부 일정이 생각보다 지체되어서 오히려 한 달을 기다려야 한다고 말했습니다. 이런 젠장 할 일이 있나 싶었습니다. 상황이 변한 것이었습니다.

그 후 한 달이라는 시간은 정말 지루했습니다. 그리고 한 달이 지나갈 무렵 거짓말처럼 보상에 대한 개별공지 우편물이 도착했습니다. 뜯어보니 우리가 예상했던 그 금액 그대로 보상액이 결정되었습니다. 공지에는 보상액에 이의가 있으면 이의 접수를 하고, 그렇지 않으면 냉큼 와서 돈을 받아가라는 내용이 추가로 적혀 있었습니다.

곧바로 농어촌공사에 다시 전화를 걸어 필요한 서류를 재확인하고 다음 날 내려갔습니다. 그리고 우린 보상 가격에 이의가 없으니 빨리 보상해달라고 말했습니다. 담당자 앞에 앉아 매매계약서를 쓰고, 매도용 인감증명서에 들어가는 매수인을 확인하니 '군수'였습니다. 군수에게 땅을 팔긴 난생처음이었습니다. 가슴이 떨렸습니다.

적당한 선에서
욕심을 제어하라

그 와중에 작은 문제가 돌출했습니다. 해당 물건은 두 필지로 되어 있었는데 30평짜리 조그만 필지 하나가 보상에서 제외된 것이었습니다. 걱정이 되긴 했지만 그래도 붙어 있으니 같이 보상해 주지 않겠나 싶어 그동안 간간히 이야기를 해봤지만 최종적으로는 보상이 불가하다고 했습니다.

보상받은 필지 하나만으로도 그다지 불만족스러운 수익은 아니었으나, 남은 필지 하나는 긴 삼각형 모양으로 생겨먹어 도저히 그 땅 자체로는 효용 가치가 없었습니다. 보상에 포함되었다면 요 조그마한 땅 하나가 2,000만 원짜리가 될 수도 있었는데 이제는 애물단지가 될 조짐을 보이고 있었습니다.

같이 투자한 동생과 저는 머리를 맞댔습니다. 이러다 소용도 없는 땅을 오래 가지고 있게 될 수도 있어서 생각 끝에 우리 땅과 맞붙어 있는 땅의 소유주 세 분의 주소를 확인해 정중하게 편지를 썼습니다. 우리는 엄청 비싼 땅을 엄청 싸게 살 수 있는 기회를 드리겠다고 적었습니다. 하지만 한 달이 지나고 두 달이 다 지나도록 아무에게서도 연락은 오지 않았습니다.

이거 경매로 팔아야 하나 하는 생각이 들 무렵, 전화가 한 통 걸려왔습니다. 받아보니 우리가 가진 땅과 붙어 있는 땅의 주인 아들인데 편지를 받고 전화를 했다고 했습니다. 저는 최대한 정중하게 사정이 생겨서 급하게 처분하려 한다고 말했습니다. 제 말을 들은 상대는 부모님과 상의한 후 연락을 주겠다고 했습니다. 시간이 없으니 서둘러 달라고 하긴 했지만 쉽게 연락을 줄 것 같지는 않았습니다. 역시나 한 달이 넘도록 상대에게서는 연락이 없었습니다.

염치 불구하고 제가 먼저 전화를 걸어 안 살 거냐고 물었습니다. 민망하지만 빨리 팔고 싶었습니다. 그랬더니 아직 생각 중이라고 조금만 더 시간을 달라고 했습니다. 알겠다고 하고 결정하면 연락 달라고 하며 전화를 끊으려는데 그 와중에 깨알 같은 공격으로 가격 협상을 해왔습니다. 찝찝하지만 그래도 나쁘지만은 않았습니다. 이미 다른 필지의 보상으로 수익을 봤기에 말만 잘하면 공짜로 줘도 별로 아깝지 않을 물건이었기 때문입니다.

또 며칠의 시간이 흐르고 기다리던 전화가 왔습니다. 그리고 드디어 사겠다고 했습니다. 속으로 '야호' 하고 외치는 순간 조금만 더 깎아달라는 말이 이어졌습니다. 그래서 더 깎아줬습니다. 그리고 덧붙여 말했습니다.

"우리는 욕심이 없어서 주는 대로 받습니다."

이번 투자에서 경매로 물건을 받은 뒤 바로 파는 바람에 양도세를 많이 내야 했지만 그래도 기분은 상쾌했습니다. 가뭄 끝에 내린 시원한 소나기 같은 느낌이었습니다.

하지만 너무 많이 깎아준 게 탈이 났는지 계약하고 몇 개월이 지나 군청에서 실거래가 사실 확인을 요청하는 서류가 날아왔습니다. 군청에서 파악하고 있는 거래가격보다 매매가격이 너무 싸다고 불법적인 거래가 아닌지 소명하라는 것이었습니다. 저는 당당했으므로 당당하게 답변했습니다.

"제발 한 번만 봐주십시오. 돈이 급하기도 하고, 땅도 돈만 축나고 쓸모도 없어서 제대로 팔리지가 않아 동네 분에게 억지로 겨우 넘겼습니다."

꿀릴 건 없었지만 그렇다고 뻗댈 필요도 없었습니다. 그분들도 공무원으로서 자신들이 해야 할 일을 하는 것이고, 저도 제 위치에서 제가 해야 할 일을 할 뿐이었습니다. 그해에는 하나의 필지 보상으로 시작해 하나의 필지 일반매매로 마감했습니다.

욕심을 내자면 한도 끝도 없습니다. 스스로 적당한 선에서 자기 욕심을 제어할 필요가 있습니다. 욕심이 많으면 무리를 하게 되고, 무리한 행동이나 투자는 실패를 불러오게 마련입니다. 욕심으로 성공할 수는 없는 법이므로 자제할 줄 아는 법을 배워야 합니다.

부동산경매 단기투자
알짜배기 특강 01

부동산경매 단기투자의
개요

1) 부동산경매 단기투자란?

부동산경매 단기투자는 부동산경매 물건을 낙찰 받은 뒤 협상부터 재 매도에 이르는 과정을 최대한 빠른 시간 내에 마무리하는 투자 유형입니다. 여기서 말하는 빠른 시간이란 3개월 이내의 기간을 의미합니다. 투자기간이 3개월 이내이므로 물건에 따라서는 낙찰 받은 뒤 되팔기까지 1개월밖에 안 걸리는 경우도 있습니다. 그러니까 3개월이란 기간은 투자한 물건 중 가장 오래 걸리는 경우를 의미하는 것입니다.

일반적으로 부동산은 장기투자를 해야 하고, 상대적으로 많은 돈이 들어가야 한다고 알려져 있습니다. 하지만, 찾아보면 부동산에는 장기투자보다 단기투자에 더 적합한 물건이 있습니다. 그런 물건들을 골라 투자하면 상대적으로 짧은 기간에 투자한 돈과 일정 수익을 회수할 수 있습니다.

부동산경매에서 장기투자란 임대에 적합한 부동산을 낙찰 받아서 점유자를 명도하고, 일부 수리를 한 후 보유하면서 매달 월세를 받는 형태입니다. 이런 월세수익을 겨냥한 장기투자는 아주 괜찮은 재테크임에 틀림없습니다.

하지만 부동산경매가 대중화되고, 많은 사람이 시장에 진입해서 점차 경쟁이 치열해지고 있는 추세입니다. 그러다 보니 경매물건을 낙찰 받는데 드는 비용이 예전보다 늘어날 수밖에 없고, 이에 따라 월세 수익도 줄어들게 됩니다. 게다가 정부에서 임대수익에 대한 세금을 강화하고 있어서 부동산을 보유하는 데에 따른 보유세 및 임대소득세가 계속 증가할 수밖에 없는 문제가 생깁니다.

반면 단기투자는 부동산을 보유하지 않고, 최대한 빠른 기간 내에 매각을 하는 형태이기에 부동산을 보유하며 발생할 수 있는 세금문제나 세입자 관리에 신경을 쓸 필요가 없습니다. 즉 낙찰 받은 뒤 바로 매각하는 것이기에 다른 문제가 발생할 여지가 거의 없는 것입니다. 또 투자기간이 짧은 만큼 자금 회수도 빨라서 같은 자금으로 여러 번 반복투자가 가능합니다. 또한 투자기간이 짧기 때문에 자금회수가 빠릅니다. 한 건을 투자해서 마무리하는데 3개월이면 충분하니 같은 돈으로 여러 번의 투자를 할 수 있습니다. 게다가 한 건의 투자가 마무리될 때마다 그에 따른 수익도 함께 거두게 되니 전체 투자금은 점점 더 늘어나게 됩니다.

부동산경매 단기투자가 그처럼 좋은 투자라면 혼자 다 해먹지 왜 그런 걸 이렇게 공개하느냐는 비판적인 질문은 이제 지겹습니다. 저도 그럴 수 있다면 좋겠습니다. 저 혼자 다 해 먹는 게 가능하다면 말입니다.

저는 이것이 좋은 투자라는 확신이 있고, 꾸준히 개인투자를 통해 그 사실을 계속 확인하고 있습니다. 그렇게 계속 투자를 하고 있지만, 시중에는 제가 감당할 수 있는 수준을 뛰어넘는 좋은 투자 물건이 많습니다. 좋은 물건이라고 해서 모든 투자를 혼자 다 할 수는 없습니다. 저는 제 수준에 맞는 물건을 골라 투자를 하고 있습니다.

그 외에 제가 하지 못하는 혹은 놓치는 다른 좋은 투자물건은 부동산경매로

새로운 기회를 찾고 계시는 분들에게 나눠주고 싶습니다. 이것은 제게 새로운 경쟁자를 만드는 일이 아닙니다. 저는 오히려 이것이 제 미래의 파트너를 만드는 일이라고 생각합니다. 지금 이 길에 새로 뛰어드는 분들이 저의 조언으로 멋진 투자자가 되었으면 좋겠습니다. 그래서 앞으로 저와 함께 행복한 자유를 누리게 되기를 간절히 기다립니다. 저는 그랬습니다. 그러니 이 글을 보는 모든 분들도 부디 그렇게 되기를 바랍니다.

2) 어떻게 단기에 매도가 가능할까?

부동산경매에 나온 부동산 중에는 그 자체로는 아무 쓸모없지만 주변 다른 부동산에는 큰 영향을 미치는 물건이 있습니다. 일견 쓸모없어 보이기에 일반 투자자들의 눈에는 투자가치가 없어 보입니다. 하지만 이런 부동산을 잘 찾아서 매수한 뒤 주변 부동산 소유자에게 팔면 괜찮은 투자수익을 얻을 수 있습니다.

일리 있어 보이지만, 한편으론 주변 부동산의 소유자는 왜 가만히 있다가 이 물건을 놓치는지 의아할 것입니다. 이런 단기투자용 부동산에는 많은 대출(근저당, 가압류 등)이 걸려 있습니다. 또 앞서 말한 대로 일반 사람들에게는 별로 투자가치가 없어 보입니다.

주변 부동산의 소유자도 부동산전문가가 아니기에 일반 투자자와 유사한 시각을 갖고 있습니다. 그래서 아무도 관심 갖지 않을 거라 생각하고, 가격이 떨어지기만을 기다리게 됩니다. 그 사이 해당물건의 가치를 알아본 투자자가 낙찰을 받아 놓치는 것입니다. 주변 부동산 소유자는 싸게 사기 위해 기다리다 놓친 뒤 후회하며 원래 살 수 있었던 가격보다 비싼 비용을 치르고, 사게 됩니다.

이런 투자구조가 가능하려면 먼저 주변 부동산에 영향을 미치는 부동산을 찾아야 합니다. 부동산경매 물건을 살펴보면 그런 부동산은 많습니다. 하지만, 주변 부동산에 영향을 미친다고 해서 모두 다 단기투자가 가능한 것은 아닙니다. 주변에 영향을 미치더라도 영향을 받는 부동산이 빠져나갈 길이 있는지를 살펴야 합니다. 영향을 받는 정도가 얼마나 되는지 또 상대방이 우리가 매수한 부동산을 살 수 있을 만큼 여유를 가진 사람인지를 먼저 분석해 봐야 합니다.

아무리 주변 부동산에 큰 영향을 미치더라도 영향을 받는 부동산을 소유한 사람과 연락할 길이 없거나 상대방이 돈이 없다면 단기에 매도하는 것은 불가능합니다. 그러니 단기투자용 물건에 입찰할 때는 반드시 되 팔 상대방을 확실히 파악해 두어야 합니다. 그런 뒤 낙찰을 받으면 그 즉시 상대방을 찾아가 되파는 협상을 시작하는 것이 좋습니다.

3) 부동산경매 단기투자는 괜찮은 재테크인가?

경매로 부동산을 매수한 뒤 보유하며 월세수익을 얻는 것은 훌륭한 투자입니다. 하지만, 은행금리가 내려간 탓에 적금에만 의존하던 많은 사람들이 부동산경매에도 참여하고 있습니다. 또한 정부의 대출강화 조치로 대출을 이용해 부동산을 보유하는 경매투자가 점차 어려워지고 있습니다. 이런 시장상황에 적은 돈을 활용해 반복적으로 투자하고, 수익을 얻을 수 있는 투자가 바로 부동산경매 단기투자입니다.

짧은 기간 내에 투자했던 자금을 수익과 함께 회수하고, 또 그 돈을 반복해 투자할 수 있다는 것이 단기투자의 큰 매력입니다. 제대로 하기만 하면 돈이 묶이지 않습니다. 자본은 계속 늘어납니다. 투자의 시작과 끝이 명확하기에 자칫 지루할 수도 있는 투자과정에서 나름의 기쁨을 단기투자를 통해 누릴 수 있습니다. 기쁨이란 투자의 성공에서 오는 수익일 겁니다.

우리가 부동산경매를 하는 이유는 돈을 잘 벌 것 같다는 생각에서입니다. 그것도 부동산경매가 다른 어떤 것보다 제일 빠르게, 제일 많이 돈을 벌 것 같기 때문에 시작하는 것입니다. 다른 재테크가 더 쉽게 더 빨리 그리고 더 많이 돈을 벌 수 있는데도 굳이 부동산경매를 하는 사람은 없을 겁니다. 그만큼 부동산경매는 이를 시작하는 사람 모두에게 희망을 가져다줍니다. 부동산경매가 가장 효율적으로 돈을 벌게 해줄 수 있다고 믿게 합니다. 하지만, 생각했던 것처럼 그렇게 쉽지는 않습니다.

대중화된 부동산경매에 참여하는 사람들이 많아져 원했던 수익, 기대했던 돈을 벌기는 힘듭니다. 생각보다 공부하고 챙겨야 할 것이 많습니다. 돈이라도 잘 벌 수 있다면 힘든 건 감수할 수 있겠는데, 돈은 도대체 어디로 갔는지 보이지도 않습니다. 부동산경매가 과연 사람들 말처럼 괜찮은 투자 재테크인지 정말 궁금합니다.

부동산을 보유하며 월세를 받는 투자는 여전히 좋은 투자이지만, 경쟁이 치열해진 시장이 되었습니다. 모두들 부동산경매를 시작할 때 월세 받는 투자를 떠올립니다. 그러니 초보자인 우리를 기다려주는 부동산은 없습니다. 그렇게 경쟁자가 북적거리는 시장인 줄 알았다면 시작하지 않았을지도 모릅니다. 갑갑합니다.

모두가 똑같은 시장에서 시작하기에 그렇습니다. 적어도 부동산경매를 이용한 단기투자는 그렇게 북적거리지 않고, 경쟁이 치열하지도 않습니다. 물론 초보자들이 시작하는 단계에서는 단기투자도 그렇게 보일지도 모릅니다. 하지만, 여전히 단기투자는 새로운 기회가 열려 있습니다. 처음의 고비만 잘 넘기면 어느 누구보다 행복한 삶을 만드는데 도움을 받을 수 있습니다.

무엇이든 스스로 잘 하기만 하면 그 시장이 아무리 복잡하고, 경쟁이 치열해도 좋은 결과를 얻을 수 있습니다. 하지만, 자신이 그 시장에 처음 진입하는 초보자라면 이야기가 다릅니다. 이미 나보다 먼저 시장에 진입한 사람들이 많은데 그 속에서 괜찮은 투자를 하기란 여간 어려운 일이 아닙니다. 그렇게 먼저 진입한 경쟁자들이 들끓는 곳보다는 자신이 먼저 진입한 경쟁자가 될 수 있는 시장에 들어가야 합니다. 그것이 바로 부동산경매 단기투자 시장입니다. 단기투자는 여전히 매력적이고, 괜찮은 시장입니다. 여기서 시작하면 좀 더 쉽게, 좀 더 빠르게 행복한 삶을 시작할 수 있습니다.

4) 단기투자, 어렵지 않을까?

부동산경매를 이용한 단기투자는 일반적인 부동산경매와는 좀 다른 프로세스를 가집니다. 일부 겹치는 부분이 있기도 하지만, 권리분석 부분 및 임장하는 법 등에서 우리가 아는 부동산경매와 다른 부분이 많습니다. 그렇기에 단기투자를 할 때는 일반 부동산경매를 해봤다고 해서 특별히 유리하거나 혹은 초보자라고 해서 불리한 것은 없습니다. 오히려 부동산경매를 경험해 본 사람들은 본인이 아는 부동산경매 지식과 경험만으로 단기투자를 해서 어려움을 겪을 수도 있습니다.

단기투자를 하려면 부동산경매 지식이 있든 없든 이에 맞는 별도의 지식을 배우고 익힌 뒤 시작하는 것이 좋습니다. 단기투자는 일반투자보다 과정이 복잡하지도 않고, 어렵지도 않습니다. 제대로 배우면 그렇습니다. 그런데 단기투자를 접하는 대부분의 분들은 그렇게 생각하지 않습니다. 그분들은 투자의 주요 대상이 부동산경매에서 특수물건이라 불리는 법정지상권이라는 종목이어서 자세히 확인해 보지도 않고, 무작정 어렵다고 생각합니다. 그리고 그런 특수물건은 일반 부동산경매를 해보고, 충분히 경험을 쌓고 난 뒤 하겠다고 합니다. 하지만 그건 시작부터 자신을 반쪽 투자자로 만드는 것입니다.

우리가 부동산경매를 하는 것은 돈을 벌기 위한 것입니다. 그러니 어떤 식이든 돈을 벌 수 있는 투자라면 다 하는 것이 옳습니다. 그런데 부동산경매에 뛰어드는 상당수는 돈을 벌 수 있는 방법 중 하나를 어렵다는 선입견만 가지고 완전히 제쳐 둡니다. 그리고 경쟁이 치열한 곳만 바라봅니다. 그러면서 어떻게 돈을 벌 수 있을지 의문스럽습니다.

아무리 단기투자가 어렵지 않다고 말해도 믿지 않습니다. 보지도 않고 듣지도 않습니다. 스스로의 판단으로 그렇게 결정을 내린 사람들에게 아무리 얘기한다고 해서 달라지는 것은 없을 겁니다. 하지만 그렇게 생각하는 사람들은 자신이 생각하는 부동산경매에서도 돈을 못 벌 가능성이 99%입니다. 부동산경매는 쉽게 돈을 버는 재테크가 아니라 어렵지만, 빠르게 돈을 벌 수 있는 적극적인 재테크입니다. 세상에 어렵지 않은 재테크가 어디 있습니까? 일반 부동산경매는 쉽고, 단기투자는 어렵다는 게 어디에서 나온 말입니까? 그건 스스로 만든 형체 없는 올가미입니다.

　분명히 말하지만, 당신이 생각하는 일반 부동산경매와 제가 말하는 부동산경매를 이용한 단기투자는 다릅니다. 일반 부동산경매를 많이 경험한다고 해서 특별히 단기투자를 더 잘할 수 있게 되지는 않습니다. 단기투자의 주 종목이 법정지상권이라고 해서 특별히 어려운 것은 없다는 말입니다. 경험해 보지 않고, 제대로 해본 사람의 조언도 없이 스스로 단기투자는 어려울 것이라 지레짐작하는 것은 별로 좋은 투자자의 자세가 아닙니다.

　돈을 벌려면 어떤 식이든 제대로 벌 수 있는 투자를 해야 합니다. 부동산경매를 이용한 단기투자는 제대로 하면 돈을 벌 수 있는 아주 좋은 투자입니다.

부동산경매 단기투자에 임하는 초보들의 자세

욕이 나와도 계속 도전하라
나도 급하지만 상대는 더 급하다
물은 셀프, 결정도 셀프
미련을 가지면 미련해질 뿐이다
일단 저질러야 돈이 들어온다
나의 가치를 높이고 투자에 성공하는 비결

욕이 나와도
계속 도전하라

    부동산경매에도 주식처럼 단타가 있습니다. 부동산을 낙찰 받은 뒤 보유 기간을 최대한 짧게 하고 팔아 치우는 것입니다. 물론 보통 일은 아니지만 경매로 나온 물건에는 전형적으로 단기 매각이 가능한 유형들이 있습니다.

    특히나 부동산경기가 바닥인 시점에는 이런 물건들의 인기가 치솟고, 신건에서 감정가를 훌쩍 넘기는 가격으로 낙찰되는 경우도 다반사입니다. 이런 투자에 익숙하지 않기에 보이지 않을 뿐 마음먹고 찾아보면 분명 눈에 띕니다. 그래서 이런 소위 특수물건만 가르치는 심화 경매교육도 다수 존재합니다.

    일반적인 생각으로는 이렇게 돈 되는 유형의 경매를 왜 가르치는지 이해를 할 수 없을 것입니다. 그렇게 돈을 잘 버는 투자방법이면 자기 혼자만 해서 많이 벌면 될 것을 왜 굳이 남에게 가르치는지, 혹시 이상한 것은 아닌지 의심이 갈 수도 있습니다. 하지만 알고도 못하고, 가르쳐줘도 제대로 깨우치지 못하면 못하는 게 부동산경매입니다.

부동산경매를 하려면 최소한의 권리분석을 할 줄 알아야 합니다. 하지만 이게 처음 시작하는 사람들에게는 나름 큰 장벽으로 작용하기도 합니다. 다들 공부에서 손을 뗀 지 오래인데 거기에 법률적인 이야기가 뒤섞이면 헷갈리기 시작합니다. 또 원칙을 익히고 나면 사이사이 원칙을 벗어나는 변형 규칙들이 곳곳에 숨어 있고, 세법도 자주 바뀌어서 짜증 나기 일쑤입니다. 설상가상으로 겨우 일독을 마치고 이제 어떤 좋은 물건이 있는지 검색해보면 그게 그거 같고 여기가 좋다, 저기가 좋다 말만 많아서 혼자서는 도저히 구분이 안 됩니다.

그런 이유로 열 명 중 여덟 명은 1년 안에 포기해버리는 듯합니다. 그리고 1년을 넘어서 계속 하는 이들도 시간이 지날수록 시들해져버리고 수익다운 수익을 맛보지 못합니다. 우리가 주변에서 볼 수 있는 부동산경매를 하는 이들은, 그래도 돈을 버는 것 같다고 주변에서 평가하는 이들은 그런 정글 속에서 살아남은 사람들입니다.

우리는 누구나 치열한 정글에서 살아남은, 그리고 현업에서 잘 나가는 모습을 기대합니다. 솔직해져야 합니다. 누군들 그렇게 되고 싶지 않은 사람은 없을 것입니다. 그리고 누구나 그렇게 될 수 있습니다. 단, 열심히 하는 것만으로는 부족합니다. 무조건 잘해야 합니다. 정말 잘하면 그렇게 됩니다. 우리가 주변에서 보는 부동산경매를 오래하는 이들은 잘하는 사람들입니다. 잘하지 못하면 절대 오래 할 수가 없습니다. 부동산경매를 못하면 자꾸 돈을 까먹어서 오래 하고 싶어도 할 수가 없습니다.

열심히 하는 것과 잘하는 것은 다른 문제다

무엇이든 처음부터 잘하는 사람은 없습니다. 누구나 처음 시작할 때에는 허둥댈 수밖에 없습니다. 그 허둥거림이 경험으로 다독여져 실력으로 안착되는 것입니다. 이를 분명히 알면서도 우리는 기대만 합니다. 자신도 그렇게 될 수 있기를 말입니다. 그리고 착각합니다. 자신도 조금만 열심히 하면 가능하다고 말입니다.

부동산경매를 통해 단기에 수익을 보려면 스스로 완벽하게 상황을 통제할 수 있어야 합니다. 단기투자는 아무리 좋은 물건을 싸게 잘 낙찰 받고 점유자 명도를 잘 끝내도 살 사람이 없으면 소용이 없습니다. 매매를 위해 직접 전단을 붙이고 광고를 하는 것은 매수자를 찾기 위한 방법일 뿐 결국 연락이 올 때가지 기다려야 합니다. 그건 자신이 상황을 통제하는 게 아니라 그냥 적당한 사람이 나타날 때까지 기다려야 하는 일입니다. 매수자가 빨리 나타나면 단타지만, 늦게 나타나면 잘못된 투자일 뿐입니다.

<u>단기투자의 중요한 조건 중 하나는 입찰하기 전에 매수자를 확보해놓는 것입니다.</u> 여기서 매수자는 점유자일 수도 있고, 주변에서 평소 그 물건을 사고 싶어 하던 사람일 수도 있습니다. 예를 들면 경매로 나온 논 근처에서 농사를 짓고 있는데 논을 더 확보하고 싶어 하는 사람이라든지, 장사를 하는데 가게를 확장하고 싶어 하는 사람 등입니다.

단기투자를 위해서는 일반적인 임장 외에 매수자의 확보를 위한 임장을 추가로 해야 합니다. 한 번에 두 가지를 동시에 진행해야 하다 보니 잘못하다가는 아무것도 안 됩니다. 특수물건이라고 칭하는 법정지상권이나 지분 등도 조건에 따라 전형적인 단기투자 물건이 될 수 있습니다. 단기투자 목적의 부동산경매라면 법률적인 관계도 중요하지만, 상황 대처 능력이 절대적으로 필요합니다. 만약 대처가 제대로 이루어지지 않으면 수익은 고사하고 손해만 나게 됩니다. 그리고 그 손해는 고스란히 자신이 책임져야 합니다.

일전에 강원도에 있는 물건이 단기투자 목적으로 괜찮아 보여 아는 분에게 추천을 했습니다. 경매로 나온 물건은 옆집에서 통행로 겸 마당으로 쓰고 있는 것으로 보여서 낙찰을 받게 되면 옆집 사람에게 되팔려고 계획을 잡았습니다.

입찰 당일 그분은 조금 일찍 내려가 현장을 확인하고 저에게 전화를 걸었습니다. 그리고 통행로 겸 마당으로 쓰는 것 같기도 하고, 아닌 것 같기도 하다고 말했습니다. 무슨 말인지 이해가 잘 안 갔습니다. 그분 말을 정리하면 굳이 그 땅이 없어도 통행은 가능

한 것 같고, 옆집 사람을 만나진 못했지만 주변 탐문 결과 별로 돈도 없는 사람이라고 했답니다. 저는 그분에게 잡소리 집어치우고 다시 한 번 잘 파악해보라고 했습니다. 그리고 다시 전화할 때에는 자기 생각을 덧붙이지 말고 동네에서 들은 것만 말하라고 했습니다.

대개 현장에 가면 들은 내용을 가지고 추정을 하게 되는데 단기투자의 목적인 경우 신중함을 기하기 위해 본능적으로 부정적인 추정을 많이 하게 됩니다. 그래서 그분의 생각은 빼고 들으려 했던 것입니다.

한참 후 다시 연락이 왔습니다. 다시 탐문하다가 아저씨 한 분을 만났는데 그 땅이 부동산경매에 나온 사실을 알고 있고 자기가 되살 의향이 있다고, 얼마에 받아줄 수 있느냐고 물었다고 했습니다. 그래서 말이 나온 김에 그분과 가격협상까지 대충 했다고 했습니다. 목소리가 반쯤 흥분돼 있었으나 또 반쯤은 긴가 민가 의심하는 듯했습니다. 그분 말로는 그 아저씨가 거짓말을 하는 것 같지는 않지만 나중에 실제로 되살지는 모르는 문제이니 아직도 입찰에 좀 부정적이라고 했습니다. 제가 자기 생각을 말하지 말라 했는데 자꾸 그런 식이었습니다.

낙찰을 받으면 그 아저씨와 먼저 협의해보고, 안 되면 원래 점유자와 2차 협의를 하는 것으로 정리하고 입찰을 해보라고 권했습니다. 입찰금액은 일단 현장에 내려간 사람의 의견이 중요하니 그분의 생각을 먼저 물었습니다. 그분은 이미 입찰이 조심스러워진 상태라 최저가 언저리에서 꼬리만 달고 싶어 했습니다. 저는 좀 더 금액을 높이고 싶었지만 그분의 생각이 부정적이라 일단 그 의견을 따르기로 했습니다. 현장에 같이 가지 않으면 아무래도 제 의견을 관철시키기가 힘들어집니다.

개찰 결과, 세 명쯤 입찰을 했고 그분은 꼴찌로 떨어졌습니다. 그리고 그날 오후 사무실로 찾아온 그분은 뜻밖의 이야기를 했습니다. 떨어지고 나서 서울로 올라오는데 아까 현장에서 만난 아저씨가 전화를 해서 땅을 받았느냐고 물었다는 것이었습니다. 저는 속으로 욕이 나왔지만 입 밖으로 꺼내지는 않았습니다. 이런 게 부동산경매라는 것을 이제 알 만하기 때문입니다.

누구도 다음 상황이 어떻게 전개될지 예측할 수 없습니다. 그날은 되사려는 아저씨에게서 전화가 왔지만, 이후 다른 물건에서는 평생 그런 연락이 없을 수도 있습니다. 그런 일은 아쉽지만 빨리 잊는 게 신상에 좋습니다.

열심히 해보겠다고 지방까지 내려가 부동산경매에 도전했지만, 그분은 열심히 하려고만 했을 뿐 제대로 하려는 생각은 하지 못했습니다. 물론 땅을 사겠다는 사람의 말을 다 믿을 수는 없지만, 그 사람과 좀 더 깊은 대화를 나눠서 무슨 이유로 그 땅을 사려고 하는지 알아보면 보다 좋은 판단을 할 수 있지 않았을까 하는 아쉬움이 남았습니다.

열심히 하는 것과 제대로 하는 것은 다른 문제입니다. 특히 단기투자에서는 절대적으로 그렇습니다. 열심히 해도 아무 소용이 없습니다. 제대로 해야 하고 잘해야 합니다. 그래야 돈을 벌 수 있습니다.

짧고 굵게 끝나는 단기투자의 법칙

또 한 번 전라도에 단기투자를 목적으로 투자할 만한 물건이 있어 같은 분에게 추천을 했습니다. 마침 부근에 일이 있어 임장은 제가 했고, 입찰일에는 그분 혼자 갔습니다. 이 물건은 점유자에게 되팔 생각이긴 했지만, 주변 상황이나 점유자의 재산 상황이 그리 좋지 않아 확신이 서지 않았습니다. 다만 꼭 지키려는 의지는 확실히 확인할 수 있었기에 여기에 기대를 갖고 입찰에 들어가기로 했습니다.

법원에 도착한 그분은 10시쯤 연락을 해서 입찰 금액을 말해달라고 했습니다. 저도 아직 어쩌면 좋을지 결정 못한 상황이어서 일단 ×××원으로 하자고 말하고 이따 다시 통화를 하자고 했습니다. 당시 제가 다시 통화하자고 말한 것은 '이따 입찰금액에 대해 다시 한 번 서로 이야기하자'는 뜻이었습니다. 그러고 나서 약 20분쯤 흘렀을까, 불현듯 금액을 낮춰야겠다는 생각이 들었습니다. 확신할 수 없는 상황에서 처음에 불러준 금액은 조금 높은 것 같았습니다. 아무래도 단독으로 낙찰 받을 가능성이 높았기 때문입니다.

급하게 그분에게 전화를 걸어 아직 투찰 안 했느냐고 물었더니 이미 제출을 했다고 했습니다. 원래 그분은 제가 입찰서를 일찍 제출하지 않는다는 것을 알고 있었는데, 자기가 임장을 안 해서 별 부담이 없었는지 아까 제가 말한 입찰금액만 듣고 그냥 일찍 투찰을 해버린 듯했습니다. 입찰서를 제출하지 말라고 명확하게 이야기하지 않고 그냥 나중에 다시 통화하자고 말한 제 실수였습니다. 개찰 결과, 저에게 신기가 있는지 역시나 단독으로 낙찰되었습니다.

저에게 전화를 해 단독이라고 말하는 그분의 목소리는 좀 어두웠습니다. 아까 통화하면서 저의 심상찮은 분위기를 읽었었나 봅니다. 저는 감정을 속이지 못하는 못난 놈입니다. 제가 현장에 없었으니 그분이 제 대신이었습니다. 저는 그분에게 현장에 가서 점유자를 만나 인사하고 분위기를 봐서 용건을 말하라고 했습니다.

약 두 시간이 흐른 뒤, 마침 저도 그날 같은 지방에 일이 있어 내려갔던 터라 중간에서 만나 같이 밥을 먹으며 점유자를 만난 이야기를 들었습니다. 한데 그분의 얼굴이 활짝 펴 있었습니다. 점유자를 찾아가 낙찰자라고 말하자마자 하소연을 하며 자기에게 되팔라고 했답니다. 얼마에 팔지 협의하지도 않았는데 계약금부터 부치겠다고, 계좌번호를 달라고 해서 말리느라 혼났다고 했습니다.

그때 무슨 생각이 들었는지 저는 '계좌번호를 주지' 그랬냐고 대번에 말했습니다. 그분은 저를 이상하게 쳐다보며 아직 아무것도 확정되지 않았는데 어떻게 그러느냐는 표정을 지었습니다. 단

==기투자에서는 상황에 따라 급변하는 흐름을 잘 타야 하기에 그때 저는 계좌번호를 주는 게 맞다고 느꼈습니다.== 그러나 그분의 말이 맞는지라 달리 대꾸할 방법은 없었습니다.

　서울로 돌아오며 이왕 물꼬를 텄으니 알아서 다 처리하라고 말해주었습니다. 그분도 순순히 그러겠다고 했습니다. 이후 어느새 잔금 기일이 되었고, 그분은 점유자에게 어떤 식으로 연락을 하면 좋을지에 대해 물었습니다. 젠장, 다 알아서 처리하라고 했는데 다음 일 처리에 대해 계속해서 물었습니다. 그래도 일단 물었으니 전화해보라고 말해주고 다시 한 번 알아서 잘 처리하라 일러두었습니다.

　그분은 전화를 몇 번 해보더니 오늘은 전화를 받지 않는다고, 주말에 다시 해보겠다고 했습니다. 그날 오후에 그분에게서 다시 전화가 왔습니다. 계속 전화를 안 받다가 겨우 통화가 되어 매매에 대해 협의하자고 말했더니 지난번 만났을 때와 다르게 막말을 하며 그 물건을 되살 생각이 없으니 당신 맘대로 하라고 하고 끊었다고 했습니다. 그리고 이후 계속 전화를 안 받는다는 것이었습니다. 저에게 정말 신기가 있는 것이 확실한 듯했습니다.

　그분은 저와 통화를 하다가 전화가 왔다며 서둘러 끊었습니다. 전화를 여러 통 하고도 남았을 시간인데도 다시 연락이 오지 않았습니다. 그러다 이윽고 한참 뒤에 전화가 왔습니다. 좀 전까지 점유자 동생이라는 사람과 통화를 했다고 했습니다. 그런데 점유자 동생이 자기에게 욕을 하며 난리를 쳤다고 했습니다. 자주는 아니지만, 원래 그런 경우도 아주 가끔 있기는 합니다. 혹시나 싶어 같이 욕을 했느냐 물었더니 머뭇거리다 그랬다고 했습니다. 저는 할 말이 없었습니다. 그분은 졸지에 욕을 먹고 억울해했지만 단기투자가 그렇게 쉽게 이루어질 것 같으면 왜 진작 다른 사람들이 안 했을지에 대해서도 생각해봐야 합니다.

다음 날 그분을 다시 만나 점유자의 연락처를 받은 후 제가 전화를 했습니다. 점유자의 동생이냐고 물었더니 그렇다고 하며 누구냐고 물었습니다. 그 사람과 비스무리 하게 말해줬습니다. 저는 낙찰자의 형이라고 말입니다. 그리고 물었습니다. 왜 제 동생에게 욕을 했느냐고 말입니다. 당신이 뭔데 뜬금없이 제3자가 끼어들어서 욕을 하느냐고. 또 당신이 그렇게 욕을 잘 하느냐고, 저하고 욕배틀 한번 해볼 테냐고 물었습니다.

그러자 점유자 동생이 점점 흥분하더니 나이도 어린 놈이 낙찰자라고 자기 누나에게 사기를 치는 것 같아 그랬다며 은근슬쩍 반말을 지껄였습니다. 저도 흥분한 척 되물었습니다. 나이 먹으니 좋으냐고, 나이 많은 게 벼슬 같으냐고, 또 나이 많으면 어린 사람한테 욕해도 된다고 누구한테 허락받았느냐고 따졌습니다. 마지막으로 나이 어린 사람한테 욕 한번 들어볼 테냐고 결정타를 날렸습니다.

그렇게 정작 중요한 내용에 대해서는 하나도 이야기하지 않고 통화하는 내내 최선을 다해 점유자 동생을 약 올리는 데에만 힘을 쏟았습니다. 이러한 상황이 마음에는 안 들었지만 옆에서 지켜보고 있는 그분의 마음이나 풀어주려 나름 애를 썼습니다. 그렇게 소득 없이 전화를 끊는데 그분의 얼굴이 확 펴 있었습니다. 속으로 욕이 나왔습니다.

이 물건은 우여곡절 끝에 취하가 됐습니다. 하지만 그분은 이 경험으로 인해 자신감이 완전히 바닥을 기었습니다. 그리고 단기투자에 대해 관심이 뚝 끊어졌습니다. 또 욕이 나왔습니다.

단기투자는 그렇습니다. 단어의 의미가 그렇듯이 잘되든 안 되든 단기간에 끝납니다. 그만큼 짧은 시간 안에 감정의 굴곡이 심합니다. 좋으면 한없이 좋고, 나빠도 한없이 나쁩니다. 그렇게 또 한 번의 욕이 터져나옵니다. 부동산경매는 힘들어도 중간에 꺾이지 말고 계속 가야 합니다. 그렇게 계속 가야 성공에 닿을 수 있습니다.

나도 급하지만
상대는 더 급하다

몇 년 전 아직 제가 대찬 척하고 다니던 무렵의 일입니다. 점유자에게 되팔 요량으로 주택 하나를 낙찰 받았습니다. 사전조사를 해보니 고의성이 엿보였습니다. 한마디로 너무 많은 채무를 감당하기 어려워 부동산경매에 넣고 채무를 세탁하려는 듯이 보였습니다. 추정이지만 나름 논리는 있었습니다.

채무자는 거기가 고향이었고 오래 살고 있었습니다. 장성한 자식들은 분가해서 대도시 곳곳에서 번듯하게 산다고 알려져 있었습니다. 다른 재산이 없는데도 불구하고 그 집 한 채에 각종 근저당과 가압류가 그득했습니다. 확언할 수는 없었지만 돈을 빌려준 은행 입장에서 보면 한마디로 먹튀에 가까웠습니다.

입찰 당일 저는 세 사람을 제치고 최저가 언저리에서 낙찰을 받았습니다. 낙찰금액을 얼마로 쓰든 경쟁자를 아슬아슬하게 제치는 기분은 언제나 상쾌합니다. 영수증을 받고 법원을 나오는데 누군가 말을 걸었습니다. 누군지 확인 안 해도 뻔했습니다. 역시나 채무자 아들이라고 했습니다. 외모가 번듯한 그는 자기도 입찰에 참여했는데 떨어졌다고 했습니다. 그러면서 저보고 왜 입찰을 했는지 물었습니다. 그게 왜 궁금한 건지 알 수 없었지만 일단 대답하지 않았습니다.

제가 대답하지 않자 대뜸 어떻게 할 것인지 물었습니다. 저는 뜸을 들였습니다. 그러면서 저도 잘 모르겠다는 투로 적당히 나자빠졌습니다. 제가 대답을 하지 않자 자꾸 재촉을 했습니다. 그래서 그냥 크게 불러버렸습니다. 이에 채무자 아들이 난감한 표정을 짓길래 저는 더 난감한 듯한 표정을 지었습니다.

사실 이건 대신 받아오라고 한 형님이 있어서 저 혼자 결정할 수 없다고 하고, 아까 말한 금액은 그 형님이 생각하는 수익이라고 둘러댔습니다. 그분은 잠시 고민을 하는 듯하더니 형편이 어렵다며 다시 사정을 했습니다. 하지만 저는 이미 이런 상황을 여러 번 경험했기에 속아주지 않았습니다. 처음 조사한 대로 이 사람들은 먹튀가 거의 확실하다고 생각했습니다.

저는 적당히 대꾸하다가 대신 받아오라고 한 형님에게 연락을 해보겠다고 하고 한쪽 구석으로 갔습니다. 그리고 전화하는 시늉을 했습니다. 한참 액션을 취한 뒤 채무자 아들에게 가서 말했습니다. 제가 말을 전했는데 형님이 화를 내며 전화를 끊어버려서 난감하다고, 오늘은 일단 올라가서 형님을 만나서 이야기해봐야겠다고 했습니다. 제가 가려는 시늉을 하자 그분이 저를 붙잡고 놓아주지 않았습니다.

처음 계획이 틀어졌다고 포기하지 마라

어쩌다 이런 경우가 다 있는지 참내, 일이 너무 잘 풀려도 문제라는 생각이 들었습니다. 구체적으로 생각해본 금액이 없었던 터라 조금 고민스러웠습니다. 하지만 그분은 오늘 끝장을 볼 기세로 옆에서 계속 저를 재촉했습니다.

그래서 생각 끝에 처음 제시한 금액에서 30%를 내려서 다시 말했습니다. 그리고 '고맙다'는 소리를 들으며 그날은 헤어졌습니다. 그래도 제가 부른 금액이 감정가보다는 낮아서 위안은 되었습니다.

그렇게 서울로 올라오는 길에 채무자 아들에게서 전화가 걸려 왔습니다. 그러더니 다짜고짜 아까 우리가 합의한 금액은 무효라고 주장했습니다. 짜증이 확 났습니다. 먼저 금액을 말해달라고 해놓고서는 몇 시간도 지나지 않아 엉뚱한 소리를 하는 것이었습니다. 그 짧은 시간 동안 주변에 조언을 구했는지 강경한 말투였습니다.

그래서 어쩌자는 건지 되물었더니 저보고 그냥 포기하고 잔금을 내지 말아달라고 했습니다. 이 사람들이 법망을 빠져나가는 것만 연구했는지 경매방해죄를 저지르려 했습니다. 그리고 묻지도 않았는데 포기를 하면 차비는 챙겨주겠다고 했습니다. 지금 와서 합의서를 쓰면 보증금과 차비는 주겠다며 다시 돌아오라고 했습니다.

어이가 없었습니다. 제가 포기하면 다음번에 그쪽에서 꼭 낙찰 받으리라는 보장이 어디 있느냐고 했더니 자기가 알아본 바로 미납이 있으면 다른 사람이 입찰을 하지 않을 테니 자기가 받을 수 있다고 했답니다. 누가 그러더냐 물었더니 자기가 잘 아는 법무사에서 확언을 했답니다. 법무사가 경매를 그렇게 잘 알면 왜 애당초 입찰금액을 그 따위로 가르쳐줘서 일을 이렇게 복잡하게 만들었느냐고 물었더니 그때는 도움을 청하지 않았다고 오리발을 내밀었습니다.

갈수록 태산이라는 생각이 들었습니다. 저는 잡소리 하지 말고 전화를 끊으라고 했습니다. 애초에 포기하려고 낙찰을 받은 것도, 당신한테 팔려고 한 것도 아니었고 그 오래된 집을 부수고 새로 지어서 팔 계획이었으니 처음 계획대로 하면 된다고, 다시는 전화하지 말라고 했습니다.

큰소리는 쳤지만 그날 돌아오는 길이 참 멀게 느껴졌습니다. 그리고 낙찰 받은 지 일주일이 지났습니다. 애초에 짰던 시나리오가 허물어지고 있어서 초조했습니다. 또 급한 마음도 들었습니다. 지금이라도 전화해서 포기하겠으니 보증금과 차비를 달라고 할까 하는 생각도 들었지만 차마 연락하지는 못했습니다.

처음 계획이 틀어져버리니 다음 수가 보이지 않았습니다. 심호흡을 해도 제 조급증은 쉽사리 가라앉지 않았습니다. 그렇게 또 일주일이 지나고 매각 허가 결정이 확정되었습니다. 이제 빼도 박도 못하고 잔금을 내야 했습니다. 돈도 부족하고 어찌해야 하나 하는 고민에 잠도 잘 오지 않았습니다. 역시나 저는 대찬 놈이 아니었습니다. 분하지만 스스로에게 분노가 치밀어 올랐습니다. 소심한 저 자신을 향한 분노였습니다.

드디어 법원에서 잔금을 납부하라는 우편물이 왔습니다. 더 이상의 초조함은 무의미했습니다. 어떤 식이든 해결을 봐야 했습니다. 손해를 보더라도 이런 식으로 어정쩡한 것은 너무 싫었습니다. 결국 채무자 아들에게 전화를 걸었습니다. 그랬더니 단박에 전화를 받았습니다. 혹시 제 전화를 기다렸던 것은 아닌지 궁금했습니다.

"여보세요?"

"아, 네. 접니다."

상대는 내가 누군지 이미 알고 있는 듯이 전화를 받았습니다. 그렇다면 저에게도 승산이 있다는 뜻이었습니다. 저는 짐짓 태연한 척 큰소리를 쳤습니다.

"아니, 사장님. 어떻게 하실 거예요?"

"아, 그게 저도 생각 중인데…, 아직 어떻게 할지….."

연락된 김에 한마디 더 질렀습니다.

"법원에서 잔금 내라고 연락이 와서 내일모레 갑니다. 모레까지 어떻게 할지 연락 주세요."

그리고 또 먼저 전화를 끊어버렸습니다. 그동안 참았던 숨을 헐떡헐떡 내뱉었습니다. 전화 한 통에 웬 숨이 그리 찼는지 모르겠습니다.

초조하고 조급할수록
방법을 찾아라

이틀 후에도 여전히 저는 초조해하고 있었고, 잔금을 내러 가지도 않았습니다. 이제는 오기가 조금 생겨 혹시 올지도 모를 채무자 아들의 전화를 기다려보기로 했습니다. 하지만 전화는 오지 않았습니다. 또다시 전화를 하면 심장이 터질 것 같아 저녁까지 기다렸다가 문자를 보냈습니다.

'오늘 연락 안 주시면 진짜 제 계획대로 알아서 하겠습니다.'

순전히 뻥카였습니다. 하지만 30분 뒤 거짓말처럼 전화가 걸려왔습니다. 채무자 아들이었습니다. 저는 숨을 크게 쉬고 전화를 받았습니다.

"가족들과 의논해봤는데 사장님이 포기한다고 해서 저희가 다시 받으리라는 보장이 없네요."

그건 제가 이미 언급한 부분이었습니다.

"그래서 일단 사장님이 잔금을 내고 등기하신 후에 저희가 다시 사는 게 좋을 것 같습니다."

그게 바로 제가 원하는 것이기도 했습니다.

"그런데 저희가 형편이 어려우니 좀 도와주셨으면 좋겠는데요…."

제가 알아본 바로는 그쪽 집이 그렇게 어렵지 않았습니다. 그래도 아무튼 마무리를 해야 하니 저도 적당히 양보를 해야 할 시점이었습니다.

"도대체 제가 어디까지 양보해드려야 하는 겁니까?"

"…."

"말씀을 하셔야 저도 형님에게 말씀을 드리고 논의해서 결정을 하죠. 일단 말씀해보세요."

"×××원으로 해주시면 좋겠는데…."

"아유, 그건 말이 안 돼요. 그걸 제가 어떻게 형님한테 말씀드려요? 제가 그때 말씀드렸잖아요. 형님은 ×××원을 생각하고 계시다고…. 중간에 제가 책임지고 형님을 설득하겠다고 하고 이 정도 양보해드렸으면 그쪽에서도 양보를 좀 해주셔야죠…. 이런 식이면 제가 더 이상 어떻게 도와드리겠습니까?"

"…."

답답한 노릇이었습니다. 다시 연락이 되고 협상을 시작한 것까지는 좋았으나 통화를 시작한 지 10분이 지나도 서로 평행선만 그을 뿐이었습니다. 할 수 없이 제가 수정 제안을 했습니다.

"×××원으로 하시겠다면 제가 책임지고 형님을 설득해서 마무리하도록 할게요. 그렇게 해보시겠어요? 아니면 저도 방법이 없네요."

최후통첩에 가까운 말을 던졌습니다. 사실 계속 죽는 소리를 하면 더 양보해줄 의향도 있기는 했습니다. 그래도 금액이 남기는 하니 상대가 계속 버티면 한 번 더 물러나려 했습니다.

"저기…, 저희도 다시 한 번 상의를 해볼게요. 그런데 워낙 지금 형편이…."

"네, 알겠습니다. 그럼 일단 그렇게 받아들이는 걸로 알겠고요. 잔금은 냈는데 등기권리증이 나오려면 한 일주일 걸리니까 계약은 좀 더 있다가 ○월 ○일에 하기로 하죠. 그전에 제가 다시 확인 전화 한번 드릴게요."

"네, 알겠습니다. 연락 주세요."

얼결에 채무자 아들은 제가 제안한 금액에 합의하게 되었고, 저는 다음 날 부랴부랴 내려가서 잔금을 내고 등기촉탁을 신청했습니다. 등기 신청 건이 많지 않으면 모았다가 한꺼번에 처리하기 때문에 권리증이 나오려면 아무리 빨라도 일주일 이상 걸린다고 했습니다. 미치고 환장할 노릇이었습니다. 잔금을 낸 다음 날부터 권리증이 나왔는지 거의 매일 등기소에 확인 전화를 했습니다.

사이사이 채무자 아들에게서 세 번이나 전화가 와서 어서 계약을 하자고 했습니다. 저는 온갖 핑계를 대며 계약일을 늦추었습니다. 그리고 그때마다 너무너무 살이 떨렸습니다. 계약이 어그러질

까봐 겁이 났습니다.

    결국 제 손에 쥔 권리증을 만 하루도 안 되어 다른 사람에게 넘겼습니다. 계약을 하고 나오는데 살다 보니 이런 날도 있구나 싶은 생각이 들었습니다. 다른 사람이 그때 제 꼴을 봤으면 기가 막히다고 웃었겠지만 저는 그렇게 제 길을 걷고 있었습니다. 지금도 그때 일을 떠올리면 찌릿합니다.

물은 셀프,
결정도 셀프

　부동산경매를 하면서 알게 된 친구 중 지방에 주택을 하나 낙찰 받은 녀석이 있었습니다. 물건을 싸게 잘 낙찰 받았고, 또 임장하면서 소유주가 물건에 대한 애착이 강한 것을 확인했다며 잔금을 내기 전부터 소유주에게 되팔 생각을 하고 있었습니다. 행복해 보이는 모습에 한편으론 배가 아팠습니다. 이상하게 저는 딴 놈이 돈을 벌면 그렇게 배가 아픕니다.

　그 친구는 사실 사업을 하다 망한 아버지의 빚까지 떠안았고, 그 덕에 허덕인다는 말을 들었던 터라 모처럼 좋아하는 모습을 보는 것도 나쁘지는 않았습니다. 그런데 시간이 꽤 지나도 잘 해결됐다는 소리가 들리지 않았습니다. 저와 별로 친한 사이도 아니었기에 뭐 크게 신경 쓰지 않았습니다.

　그렇게 또 시간이 흐르고 흘러 물건을 받은 지 꽤 오래된 어느 날 문득 어떻게 진행되고 있는지 궁금해 알아보니 협상은 답보상태였습니다. 더 이상의 진행이 안 되고 있는 상태에서 소유주를 압박하기 위해 '점유이전금지 가처분'만 겨우 접수시켜놓았다는 말을 들었습니다. '소유주와의 협상에서 끌려다니고 있구나' 하는 생각이 들었습니다. 처음부터 바로 소유주에게 되팔 생각으로 낙찰을 받은 건데 소유주와의 협상이 여의치 않으니 이러지도 저러지도 못하고 있는 듯했습니다. 가뜩이나 돈이 별로 없는 친구여서 잔금을 내고 생활비가 쪼들리는 것 같았습니다.

마침 저도 한창 바쁘고, 제가 낙찰 받은 것들을 처리하느라 정신이 없어서 도와주고 싶은 마음은 있었지만 도저히 도와주겠다는 말이 입 밖으로 나오지 않았습니다. 사실 제가 무슨 경매의 신이라고, 남의 일까지 도와주나 싶기도 했습니다. 남의 일은 잘 처리해야 본전인 탓도 있었고, 자칫 잘못 끼어들었다가 오히려 일을 망칠 수도 있기에 조심스러웠습니다.

그러던 중 그 친구가 더 이상은 버티기 힘들었는지 저에게 도움을 청했습니다. 저는 좀 난감했습니다. 스스로 잘 처리했으면 좋으련만 저도 그리 시간 여유가 있는 상황이 아니어서 애매했습니다. 그렇다고 도와달라는데 냉정하게 외면할 수도 없었습니다. 그 친구가 어려운 상황이라 도와줘도 비용을 받기 힘들고 생색도 안 날게 뻔했습니다.

도와달라는 말을 듣고 한 보름 정도 지났을 때 애를 먹이던 물건 하나를 처리하게 되어 마음이 좀 가벼워진 차에 그 친구의 상황을 알아보니 그 다음 주에 '점유이전금지 가처분'을 집행하러 내려가야 한다고 했습니다. 그래서 연락이 된 김에 '그럼 같이 내려가자'고 했습니다. 말을 뱉고 나서 바로 후회하기는 했습니다. 입이 정말 웬수라는 생각이 들었습니다. 하지만 말을 내뱉었으니 어떻게든 머리를 짜내봐야 했습니다.

그 물건에 대해서는 아는 게 없어서 그 친구랑 같이 내려가며 현재까지의 진행상황을 들었습니다. 한마디로 그 친구가 소유주에게 되팔 생각만으로 정확한 입장 없이 덥석 물건을 잡아버린 것이었습니다. 되팔 생각으로 물건을 받은 것이라면 되팔 대상자의 자금 여력이 충분한지 제대로 확인해야 하는데 내려가며 들은 바로는 집만 좋지 소유주는 생활보호대상자 수준의 개털이었습니다.

'끙, 이 일을 어떻게 해결해야 하나.'

고민이 시작되었습니다. 그러나 옆에서 운전하는 친구는 저와 같이 내려간다는 사실만으로 다 해결될 수 있다고 생각하는지 마음이 가벼워 보였습니다. 왜 대책 없이 상상만으로 낙찰을 받았을까. 천진한 모습으로 룰루랄라 운전하는 그의 모습(그 당시 제 눈엔 정말 그렇게 보였습니다)에 화가 나서 귓방망이라도 두드려주고 싶은 심정이었습니다.

'젠장 할 놈.'

언제나 예상치 못한 상황은 생기기 마련이다

물건지에 도착해 같이 여기저기 둘러보다가 옆집에 산다는 소유주의 친척 분을 만나게 되었습니다. 육촌 형이라는데 어떻게 하면 해결할 수 있는지 저희에게 이것저것 캐물었습니다. 그분이 해결에 도움을 줄 수도 있어 같이 20분쯤 이야기해봤지만 결과적으로 입만 아팠습니다. 물론 새로운 사실들을 몇 가지 알아내기는 했습니다. 소유주는 원래부터 빈털터리였고, 땅은 친척이 그냥 준 거라고 했습니다. 또 집은 주위에서 십시일반으로 보태서 겨우겨우 직접 건축한 것이었습니다.

진짜 개털로 판명되었습니다. 하나하나 새로운 사실을 확인할 때마다 그 친구의 얼굴이 점차 새하얘지고 있었습니다. 똥 밟은 듯한 표정에 얼굴은 거의 포기상태였습니다.

오전 9시가 좀 지나자 법원에서 집행하려고 집행관 두 사람이 왔습니다. 같이 문을 두드렸는데 나올 생각을 안 했습니다. 좀 더 세게 두드리자 창백한 얼굴의 아주머니가 나왔습니다. 집행관이 점유이전금지 가처분 집행에 대해 설명하고 달력 뒤에 숨기듯 서류를 붙였습니다.

그 사이 재빠르게 집 안을 훑어보니 벽에 걸린 사진 속에서 군복을 입는 사람이 보였습니다. 아주머니와 대화를 해보고 싶었지만 막무가내로 나는 잘 모르니 아저씨랑 이야기하라며 무작정 밖으로 떠밀기만 했습니다. 밖으로 나온 우리는 누가 먼저랄 것도 없이 착잡한 마음을 부여잡고 어디 가서 커피라도 한잔 마시면서 상황을 정리해보자고 했습니다.

차에 올라 커피숍을 찾는데 젠장, 주변이 온통 산과 들뿐이었습니다. 한참을 헤매다가 겨우겨우 한 군데를 발견해 들어가니 주인이 눈을 비비며 나오는데 우리 때문에 문을 연 것 같았습니다. 각자 쓴 쌍화차를 한 잔씩 시켜놓고 앉아 있는데 할 말이 없었습니다. 저는 속으로 고민했습니다.

'도저히 안 되겠으니 이대로 올라가서 다시 경매에 넣어서 팔자고 할까?'

하지만 그의 얼굴을 보니 반나절 새 10년은 늙어 보였습니다. 아, 이거 정말 젠장, 젠장, 젠장 할이었습니다. 괜히 따라 내려왔다는 생각도 들었습니다. 한참을 그렇게 말없이 쓴 쌍화차만 마시고 있다 문득 제가 물었습니다.

"이거 손해 보고라도 던져버릴 수 있어? 만약 그런 생각이 있으면 내가 최선을 다해 한번 영업해보고, 아니면 그냥 가자."

최후 통첩처럼 겨우 말을 꺼내자 그 친구는 잠깐 움찔하며 생각하더니 대답했습니다.

"그 양반 돈도 없는데, 계속 가지고 있어봐야 똥만 될 텐데…. 손해 나도 할 수 없지, 뭐."

"그래, 그럼 일단 최대한 팔아보는 걸로 하고…."

"그렇게라도 한번 해봐 줘."

"알았어. 일단 네가 그렇게 말했으니 최종 가격결정과 협상은 내가 할게."

나중에 원망들을 수도 있으니 일단 그 친구에게 다짐을 먼저 받아놨습니다. 그리고 전화기를 꺼내 소유주 아저씨의 연락처로 전화를 했습니다.

"뚜르르르르, 뚜르르르르…."

신호음 소리가, 마치 굴속으로 빨려 드는 내 몸 마디가 하나씩 부러지는 소리처럼 들렸습니다.

"여보세요…."

아저씨 목소리였습니다.

"네, 저…, 아저씨 살고 있는 집, 경매로 낙찰 받은 소유주인데요."

공손히 말을 올렸습니다, 공손히….

"네, 그런데 왜 그러시는데요?"

하지만 상대는 처음부터 세게 나왔습니다. 저는 약간 화가 났습니다.

"다 집어치우고요, 핵심만 얘기할게요. 제가 아저씨 사정 듣고 별로 좋은 생각이 안 들고, 안되셨다는 생각만 들어서요."

"네…, 네…, 네…."

갑자기 그분이 공손해졌습니다.

"그냥 원가에 넘겨드릴 테니 되사실래요?"

제 것도 아니고 인심 팍팍 썼습니다.

그 순간 제 귀를 의심할 만큼 바로 대답이 날아왔습니다..

"네, 네…. 그렇게 할게요. 감사합니다, 감사합니다."

이런 젠장, 이렇게 대번에 되사겠다고 말할 줄 알았으면 좀 더 가격을 높게 불러볼걸 그랬습니다. 아무튼 한번 내뱉었으니 더 이상의 가격조정은 불가했습니다.

그렇게 협상을 마무리하고 두 시간 후에 만나자는 약속을 한 뒤 모처럼 커피숍에서 우리는 편안한 기분을 만끽하며 별 영양가 없는 농담으로 시간을 보냈습니다. 그리고 약속한 시간에 맞춰 집으로 방문해 아저씨와 거실에서 마주 앉았습니다. 다시 한 번 계약조건을 서로 맞추고, 문방구 계약서를 꺼내 계약조건과 금액을 적어 내려가는데 아저씨가 한마디 했습니다.

"저기, 그런데 제가 계약금이 없는데…."

엥, 이건 또 뭔 소린가? 정신이 아득해졌습니다. 원가에 주겠다는 말에 덥석 그러자고 했지만 아저씨는 이미 조사한 바대로 개털이었습니다. 계약서를 쓰던 손에서 급격하게 힘이 빠지며 볼펜을 손에서 놓쳐버렸습니다.

"아니, 아저씨. 무슨 말을 그리 힘하게 하세요? 계약금이 없다니요? 100만 원이라도 거셔야죠."

"글쎄…, 그게 돈이 없어서…."

"그럼 돈이 언제 생기는데요?"

"이번 돌아오는 명절에 애들 오면 그때 애들한테 좀 말해서…."

그러면서 말끝을 흐렸습니다. 아, 이제 더 이상은 안 되겠다는

2장 부동산경매 단기투자에 임하는 초보들의 자세

생각이 들었습니다. 제 것도 아니고 남의 것을 도와주면서 계약금도 없이 계약서를 썼다가 나중에 내가 무슨 원망을 들을 줄 알고 계속 진행을 하나 싶은 생각이 들었습니다. 저는 쓰다만 계약서를 접고 볼펜을 집어넣었습니다.

"돈이 없으시면 계약이 안 되죠. 어쩔 수 없습니다."

갑자기 우리는 무한 침묵 속에 빠져들었습니다. 조용한 가운데 서로 머리 굴리는 소리가 들리는 듯했습니다. 한참의 시간이 지나고, 또 서로 이런저런 실없는 이야기를 나누었습니다. 하지만 그런다고 원래 없는 돈이 어디서 나올 리는 없었습니다.

모든 결정에는 책임이 따른다

계속 말없이 앉아 있다가는 밤을 새울 것 같아 어디 빌릴 만한 곳이 없느냐고 다그쳤습니다. 지금 중단되면 더 이상은 어쩔 수가 없다고도 말했습니다. 우여곡절 끝에 아저씨가 그나마 돈을 빌려 보겠다며 어디론가 전화를 걸었습니다. 전화기가 울리고 상대가 전화를 받자 아저씨는 굉장히 쑥스럽고 미안한 목소리로 말을 했습니다.

"저기 사우…, 내가 돈이 좀 필요한데 100만 원만 지금 좀 부쳐 줄 수 있나?"

사위는 별로 묻지도 않고 알았다고 하더니 한 시간 내에 부치겠다고 했습니다. 아저씨는 전화를 끊고는 무척 좋아했습니다. 아, 불쌍했지만 어쩔 수 없다는 생각도 들었습니다. 이내 마음을 가다듬고 잔금은 언제 주실 건지, 돈이 없으시면 이왕 사위에게 부탁하는 김에 명의를 사위로 하고 잔금까지 좀 보태달라고 말해볼 것을 권했습니다.

제 말을 듣더니 아저씨는 다시 사위에게 전화를 걸어 나머지 금액에 대해서도 빌려줄 수 있는지 물었습니다. 옆에서 듣자니 제대로 설명을 못하는 것 같기도 하고, 아저씨가 불쌍해 보이기도 해서 전화기를 달라고 해 사위에게 대신 설명을 했습니다.

사위는 말 없이 진중하게 제 이야기를 듣더니 한마디 했습니다.

"보름만 기한을 좀 주시면 제가 돈을 마련해드리겠습니다. 후우…."

사위가 원한 조건은 딱 한 가지, 보름의 기한뿐이었고 매매대금을 깎아달라는 등의 구차한 이야기 따위는 입 밖에 꺼내지도 않았습니다. 없는 집의 사위가 된 죄로 그 남자, 직업군인인 그 사위는 고스란히 장인의 업을 대신 짊어지려 최선을 다하고 있었습니다.

'그래, 원가에 넘기겠다고 한 말은 참 잘한 것 같다. 이런 집에다 수익을 남기겠다고, 눈에 불을 켜고 달려드는 건 정말 못할 짓이야.'

계약서를 마무리하고 아저씨와 함께 사위가 부친 100만 원의 계약금을 건네받으러 농협으로 갔습니다. 잠시 뒤 아저씨가 은행에서 뽑아온 현금 100만 원을 제 손에 쥐어주었습니다. 그 돈을 건네며 아저씨가 기쁘게 말했습니다.

"고맙습니다. 정말 고맙습니다. 사장님 덕분에 집을 다시 되찾게 되었네요."

세상에 이런 분만 있다면 저는 정말 경매를 못하겠다는 생각이 들었습니다. 운 좋게 잘 해결되긴 했지만 도저히 유쾌한 기분일 수는 없었습니다. 간신히 마음을 추스르고 아저씨에게 먼저 가시라며 인사를 드렸습니다. 아저씨는 어린아이처럼 해맑게 웃으시며 뒤돌아 천천히 걸어가셨습니다. 그 뒷모습이 아직도 제 눈에 선하게 남아 있습니다.

과정이야 어찌 됐든 지금은 아저씨도, 사위도, 나도 그저 자기 자리에서 우리 각자에게 주어진 길을 걸어가고 있는 것입니다. 때론 그렇게 슬프게, 그리고 기쁘게 말입니다.

서울로 돌아오는 길에 그 친구는 홀가분한지 이것저것 주변 이야기를 했습니다. 저는 그저 듣고만 있었습니다. 그 친구도 자기 자리에서 주어져 있는 길을 걷고 있는 건지 궁금했고, 한편으론 원망스럽기도 했습니다. 과정도, 결과도 모두 다 스스로의 책임인데 말입니다. 이 경우 처음 투자부터 제대로 된 결정이 이루어지지 못했습니다. 모든 결정과 그 결정에 대한 책임은 본인의 것인데 그 결정이, 그리고 그 책임이 오늘 무너져내렸다는 것을 그 친구가 알기나 할지 참 궁금합니다.

미련을 가지면
미련해질 뿐이다

　저는 스스로 성격이 급하다는 것을 알기에 무슨 일을 하든 최대한 신중하게 생각하려고 의도적으로 노력하는 편입니다. 하지만 원래부터 대화하거나 협상을 할 때 시간을 끄는 스타일이 아니어서 더 많은 수익이 예상되어도, 혹은 더 적은 손해가 예측되어도 기다리지 않고 밀어붙일 때가 꽤 있습니다. 수익적인 면에 있어서는 불리할 수도 있지만 언제가 될지도 모르는 끝을 기다리며 갑갑한 상황 속에서 허우적거리기보다는 한시라도 빨리 털어버리고서 홀가분하게 다음 걸음을 옮기는 게 저에게는 훨씬 편하기 때문입니다.

　예전에 무허가 건물이 있는 땅을 단독으로 낙찰 받은 적이 있습니다. 결과를 떠나서 아슬아슬한 차이로 낙찰 받았을 때의 기쁨은 하늘을 찌를 듯했습니다. 하지만 단독으로 낙찰을 받은 것은 아무리 좋은 물건이라도 등골이 오싹한 경험이었습니다. 당시 낙찰 받은 물건의 경우 기다릴수록 수익은 올라가고 상대는 점점 더 초조해질 것이 명백한 상황이었습니다. 그래서 천천히 가기로 했습니다. 가능한 오래 기다리는 것이 유리한 상황이었기 때문입니다.

　잔금기한이 되어 일단 법원에 가서 잔금을 내고, 서류를 준비해 등기촉탁을 신청했습니다. 그때까지도 상대에게서는 아무런 연락이 없었습니다. 대책이 없어서인지, 방어를 준비하는 건지 아무 소식도 들을 수가 없습니다. 그렇게 한 달쯤 시간이 지났을 때 결국 제가 먼저 상대에게 연락을 했습니다. 그리고 빨리 처리해야 하지 않느냐고 물었습니다. 당시 물건은 토지의 소유자였던 사람은 사라지고, 무허가 건물을 소유주가 자신에게 줬다고 믿는 세입자만 남아 있는 상태였습니다.

　상황을 확인하고 보니 정말 대책이 없는 물건이었습니다. 기다릴수록 수익이 높아질 것이라 생각했던 건 제 착각이었습니다. 두 달 가까이 지나는 동안 저는 아무 생각 없이 그냥 시간만 보냈던 것입니다. 무허가 건물에 거주하던 상대방은 지금 먹고 죽으려 해도 농약 살 돈도 없다고 저에게 알아서 하라는 말만 되풀이했습니다. 이것 참 암담했습니다. 대책 없는 강짜를 부리는 게 그동안 이 사람이 생각한 대책일지도 모르겠다는 생각이 들었습니다.

매번
성공할 수는 없다

지방에 있는 물건이었기에 당시 직접 법원에 가야 접수할 수 있었던 '점유이전금지 가처분' 신청이 아닌 인터넷으로 가능한 자료 청구 및 건물철거 소장만 먼저 접수했습니다. 점유이전금지 가처분을 해놓으면 상대를 압박하는 효과도 있고 마무리되는 시간도 훨씬 빠르지만, 이 건은 좀 길게 가겠다 싶어 내려가는 차비 등의 기타 비용을 최소한으로 줄이고 싶었습니다.

소유자는 부도를 내고 소리 없이 사라진 상황이라 당연히 송달이 잘 안 되었습니다. 보정명령에 따라 주소 보정을 하고 재송달 신청을 했으나 역시 미송달되고, 우여곡절 끝에 공시송달로 간신히 처리가 되었습니다. 덕택에 한 달이란 시간이 또 지났습니다. 그동안의 경험상 상대가 답변서를 제출하지 않거나 공시송달이 되는 경우 많은 법원에서 무변론으로 기일을 잡아 원고의 손을 들어주었지만 여기는 그런 게 없었습니다. 현재의 조건이나 상황을 무시하고 일단 변론기일을 잡아버렸습니다.

저는 시간에 맞춰 법원에 참석했습니다. 오후 2시부터 개정된 재판정에서 단독판사 한 명이 한꺼번에 30개가 넘는 사건을 처리하는 바람에 제 사건은 두 시간이 지난 뒤에야 시작되었습니다. 피고가 안 나왔음을 확인하고 판사는 당연히 원고인 저에게 유리한 쪽으로 판결을 내리겠다고 말해주었습니다. 단, 철거대상 건물의 도면이 불확실하게 그려져 있으니 자기가 다른 재판을 하고 있는 동안 제대로 다시 그려 오라고 했습니다.

법원 민원실로 내려가 컴퓨터로 도면을 다시 그린 다음 재판 중간에 끼어들어 판사에게 새로 그린 도면을 제출했습니다. 그런데 한참을 들여다보더니 이게 아니라고 하는 것이었습니다. 원 매각물건의 명세서를 보면 건물 우측에 아주 조그맣게 보일러실이 있는데, 그걸 제대로 정확하게 다시 그려 오라고 했습니다. 그러면서 미안했는지 다음에 보정하라고 시킬 수도 있지만 멀리서 왔으니 편리를 봐주기 위해 일부러 여기서 다시 그려 오라고 한 것이라며 잘 그려오라고 당부했습니다.

그래서 시키는 대로 했습니다. 편리를 봐주려고 그런다는데 당연히 따라야 했습니다. 이런 상황에서는 시간이 돈이니 판결이 빨리 날수록 좋습니다. 그렇게 도면을 재차 그려 제출하고, 그날 상황을 마무리할 수 있었습니다.

저는 이때 다시 한 번 부동산경매가 만만치 않다는 것을 느꼈습니다. 스스로 아무리 잘 대처한다고 해도 모든 상황을 완벽하게 장악하고 매번 투자수익을 만들어내기란 정말 쉽지 않은 일이라는 것을 다시 한 번 깨달았습니다.

미련을 떨쳐버릴
용기가 필요하다

한편 현재 거주 중인 세입자를 압박해서 사용료를 받아내고 싶었습니다. 압박하는 효과를 극대화하기 위해 지료는 상식 밖의 엄청난 액수를 요청했습니다. 감정가 대비 연 30%를 매월 나눠 내라고 주장했습니다. 그런데 석명준비명령이 나왔습니다. 무슨 말인고 하니, 원고가 피고인 세입자에게 지료를 받을 근거가 부족하고, 지료 액수에 대한 산정근거가 없으니 이를 보정하여 다시 제출하라는 것이었습니다. 지료를 받을 근거가 있을 리 만무했습니다. 그래서 저는 방법을 바꾸기로 했습니다.

처음에 탐문할 때 세입자가 원 소유주와 제대로 계약을 맺고 입주한 것이 아니라는 사실을 파악했기에 불법적인 점유를 근거로 법원에 퇴거 명령을 신청했습니다. 건물을 철거하라는 판결문도 있으니 퇴거 명령을 받는 것은 시간 문제였습니다. 사실 그때는 퇴거명령을 받으면 협의하자고 연락이 올 줄 알았습니다. 그런데 보름쯤 지나 확인해보니 세입자에게 송달이 된 지 3일이 지났지만 묵묵부답이었고 전혀 연락이 없었습니다. 전화해서 욕이라도 하면 차라리 반가울 텐데 연락이 없으니 갑갑하기만 했습니다.

법원에 사건이 별로 없는지 한 달 뒤 바로 무변론으로 퇴거명령이 인용되었습니다. 가만 보니 명도소송이랑 이름만 다를 뿐 차이가 없었습니다. 기회다 싶어 세입자에게 연락을 해보니 생난리를 쳤습니다. 처음엔 고분고분했는데 이제는 막 나갔습니다. 저도 열이 받았습니다. 내친 김에 집행관실에 강제집행을 신청했습니다. 비용을 최소화하려고 했는데 일이 한 번 꼬이기 시작하니 비용도 만만치 않게 소비되었습니다.

보름 정도 지나자 집행관이 내일 계고장을 붙이러 갈 거라고 연락을 했습니다. 저도 내려가야 하는지 물었더니 올 필요 없다고, 자신들이 알아서 하겠다고 했습니다. 뭐, 이런 친절한 법원이 다 있나 싶었습니다. 본인 외에 증인 두 명이 더 필요한 게 상식인데 올 필요가 없다고 했습니다. 물론 나쁠 것은 없었습니다. 일단 돈이 안 들어가고 시간을 들여 내려갈 필요가 없으니 좋았습니다.

계고장을 붙이러 간다던 그날 오후 늦게 집행관실에 전화를 해서 사건번호를 불러주고 다녀왔는지 확인을 했습니다. 그랬더니 가서 세입자를 만났고, 퇴거하지 않으면 다음엔 강제 집행을 해야 한다고 전달했답니다. 그랬더니 세입자가 자기들이 조만간 이사를 간다고 그랬다며 날짜까지 정확하게 말했다고 했습니다. 젠장, 되팔기 위해 일단 해볼 만한 것은 다 했는데 오히려 알아서 나간다니 더 부담스러웠습니다.

한 번 손을 대기 시작하니 일이 점점 더 커졌습니다. 황당했습니다. 이 일은 더 이상 제가 컨트롤할 수 있는 수준을 벗어나고 있었습니다. 집행관은 세입자가 이사를 가겠다고 약속한 날 오후에 한 번 더 나가 확인을 하겠다고 했습니다. 젠장, 집행관이 너무 친절해도 문제라는 것을 처음 알았습니다.

설상가상으로 그날 집행관이 직접 전화를 해서는 현장에 방문해보니 이사를 갔다고 했습니다. 일주일쯤 지나 현장에 내려가보니 집을 너무도 깨끗하게 비워놨습니다. 아주 깨끗하게 빈 집을 보니 더 황당했습니다. 이거, 명도하려고 한 것도 아니고 그저 되팔아먹기 위해 이것저것 해본 것인데 되사야 할 사람이 되사지는 않고 이사를 가버렸습니다.

하는 수 없이 일단 엉뚱한 사람이 들어와 살면 안 되니까 현관 열쇠를 바꾸어 달고, 주변 부동산에 매매를 부탁했습니다. 하지만 경기도 안 좋고 건물도 무허가라 이런 집을 사려고 하는 사람이 없었습니다. 계획이 틀어지다 못해 이제는 엇나가버렸습니다. 완전 통제가 안 되는 수준이었습니다.

부동산경매를 하면서 가장 난감한 순간은 자신이 통제할 수 있는 범위를 벗어나버리는 때가 아닌가 싶습니다. 이제 와서 찬찬히 생각해보면 그동안 떨쳐버릴 수 있는 기회가 아주 없지는 않았던 것 같습니다. 그렇지만 주변을 둘러싼 상황과 제 욕심이 그러지 못하도록 막았습니다. 지금도 생각합니다. 부동산경매를 하며 스스로 통제할 수 없는 상황까지 몰리지는 말자고 말입니다. 결국 이 물건은 끝내 일반 매매로 팔리지 않아서 경매로 다시 내놔서 팔았습니다. 시간적 손해, 금전적 손해, 그리고 마음고생까지 한가득이었습니다. 그러나 한참 지난 뒤 이때의 경험이 저를 더욱 성장하게 했습니다. 미련을 가지면 미련해집니다. 무슨 일에든 적당한 때가 있는 법, 미련을 갖지 말아야 성장할 수 있습니다.

일단 저질러야
돈이 들어온다

아직도 그날의 느낌이 생생합니다. 몇 번의 입찰과 투자경험을 지니고 있어 별로 떨리지 않을 거라 자신했지만 법원으로 향하는 내내 제 가슴은 뛰었고 무거운 짐을 지고 있는 것처럼 어깨가 뻐근했습니다.

'이런, 이렇게 소심하다니…, 이래 가지고 앞으로 어떻게 경매로 밥 먹고 살겠나….'

어차피 부동산경매를 제대로 해보기로 결심한 이상 아직은 똥인지, 된장인지 잘 모를 때 많아 직접 경험을 해봐야 하는데 매번 입찰할 때마다 제 가슴은 콩닥거렸습니다.

법원에 도착해보니 일찍 도착한 탓인지 아직 주차장에는 여유가 있었습니다. 그럴 만도 한 게 아직 오전 9시밖에 안 된 시간이었습니다. 아침밥도 안 먹고 새벽같이 집을 나왔지만 긴장한 탓에 배고픈 것도 느끼지 못했습니다. 억지로 얼굴을 펴고, 나름 부동산경매 경험이 많은 듯한 표정을 짓고 법원 구내식당으로 들어가 백반 하나를 시켰습니다. 자리에 앉으니 가슴이 이제 좀 덜 뛰는 듯 여겨졌습니다. 하지만 여전히 밥 생각은 없고, 머릿속은 무슨 생각을 하는지도 모르게 굉장히 복잡했습니다. 결국 밥을 뜨는 둥 마는 둥 반 정도만 먹다 물렸습니다.

시간이 10시가 되자 주차장이 차로 가득 차고 웅성거리는 소리가 커지며 사람들도 하나둘 모여들기 시작했습니다. 저는 재빨리 법정으로 들어가서 입찰표를 받아와 차 안에 들어가 앉았습니다. 그리고 바로 입찰표를 채워 나가기 시작했습니다.

미리 생각해둔 금액이 있긴 했지만 막상 쓰려고 하니 확신이 없었습니다. 입찰표에는 그다지 쓸 게 별로 없어서 마지막 입찰금액만 남겨두었습니다. 그리고 잠깐 고민하다 이내 생각해둔 금액을 적었습니다. 최저금액보다 약 500만 원 가까이 더 썼습니다. 그 숫자 몇 개를 써 내려가는 그 순간이 굉장히 길게 느껴졌습니다.

긴 순간을 마무리하고 입찰봉투를 정리해 법정에 투찰을 하고 밖으로 나오는데 옆쪽으로 한 무리의 가족들이 보였습니다. 할아버지부터 초등학생, 중학생으로 보이는 자녀들까지 여섯 명 정도가 시끄럽게 몰려다니며 주위의 시선을 모으고 있었습니다. 무슨 사연이 있길래 평일에 아이들이 학교에도 안 가고 부모님을 따라 법원에 나왔을까 궁금했지만, 제 일이 먼저라 바로 머릿속은 다시 엉클어져버렸습니다.

입찰봉투를 제출하고 나면 그다음부터 마감 때까지의 시간이 참 지루합니다. 책이나 신문이라도 가져와 읽으면 괜찮겠지만 그게 눈에 들어올 리 없습니다. 긴 기다림 끝에 드디어 개찰이 시작되었습니다. 사람들은 하나둘 법정 앞에 나가 자신들이 입찰한 물건의 결과를 들여다봤습니다.

하나둘씩 발표되는 결과를 지켜보고 있을 때면 제 차례가 영원히 안 왔으면 좋겠다는 생각을 하기도 합니다. 정도의 차이가 있기는 하지만 제 경우엔 참 입찰하는 게 적응이 안 됩니다. 항상 긴장감을 느낍니다. 이런 느낌은 앞으로 수없이 입찰에 참여해도 그다지 달라질 것 같지 않습니다.

저질러야 기회가 생긴다

집행관이 서류를 뒤적이는 그 시간, 심장이 터질 것 같았습니다. 물건번호를 부르고 저를 포함해 네 명이 앞으로 나갔습니다. 아득해지는 정신을 간신히 부여잡고 법대 앞으로 나가 섰습니다. 누가 입찰에 참여했는지 옆을 돌아볼 겨를도 없었습니다. 결과 발표가 끝날 때까지 제 정신이, 또 제 몸이 제대로 서 있기를 간절히 바랄 뿐이었습니다. 집행관 목소리가 웅웅거리기만 할 뿐 저는 이미 이 세상 사람이 아닌 듯 공중에 둥둥 떠 있는 느낌이었습니다. 마른 입을 굳게 닫고 입안의 침을 한 움큼 삼키는 순간 법대에서 목소리가 들렸습니다.

"이번 사건은 ×××원에 입찰하신 ○○○씨가 최고가 매수인으로 선정되셨습니다."

점차 눈앞이 환해지는 것과 동시에 머릿속은 텅 비어버렸습니다. 도장을 건네주고, 보증금 보관증을 받는데 집행관 사무실에 가서 농지취득자격증명서 발급을 위한 서류를 받아 가라고 했습니다. 맞습니다. 이 물건은 전(田) 위에 집을 지어 농지취득자격증명서를 발급받아 법원에 제출해야 했습니다. 겨우 마음을 가다듬었는데 제 머릿속은 다시 소용돌이치기 시작했습니다. 법정을 빠져나오는데 저에게 가무잡잡한 얼굴의 어떤 분이 다가와 말을 걸었습니다.

"이거 낙찰 받으신 분이죠?"

"네, 그런데요?"

"뭐 하러 이런 거 받으셨어요? 이거 길도 없는 맹지라 못 다니는데?"

척 보니 아까 우르르 몰려다니던 그 가족이었습니다. 재수가 좋았습니다. 낙찰을 받자 마자 소유주를 만난 것이었습니다.

"사장님은 길도 없는 맹지에 어떻게 집 짓고 사시는데요?"

제가 되묻자 별 대답을 못하고 머뭇거리다 다시 되물었습니다.

"아무튼 앞으로 어떻게 하실 거예요? 여기서 사실 건가요?"

그건 사실 저도 궁금했습니다. 제가 앞으로 어떻게 해야 할지,

어떻게 답을 해야 할지 전혀 알 바가 없었습니다. 모든 것이 캄캄했습니다. 배운 건 있는 것 같은데 전혀 생각나는 게 없었습니다. 그렇게 아저씨의 물음에 저는 또다시 새로운 고민에 빠졌습니다. 제가 생각에 잠겨 있는 사이 당혹스러운 제 표정을 읽었는지 그 아저씨가 쓴웃음을 지으며 말했습니다.

"맹지라 통행이 안 될 테니 헛수고하셨네. 보증금 손해 보시겠어. 잘해보세요."

속으로 부아가 치밀어 올랐습니다. 더 이상 서로 할 말이 없어 전화번호를 교환하고 헤어지려는데 전화번호를 받아 든 그 아저씨가 옆에 늘어선 가족들에게 밥 먹으러 가자며 돌아섰습니다. 그 아저씨의 뒷모습이 마치 상대를 무참히 박살낸 챔피언과 같았습니다. 솔직히 그 자신감이 부러웠습니다. 그게 일부러 지어낸 거라고 해도 상관없었습니다.

차를 몰고 집으로 돌아오는 내내 그 아저씨의 자신감 넘치는 모습이 계속 떠올랐습니다. 그렇게 그날 저녁 12시가 넘어 자리에 눕는 순간 기억이 났습니다.

'아, 농지취득자격증명서!'

이런 망할, 농지취득자격증명서를 면사무소에 가서 신청해야 했는데 정신이 나간 상태라 잊어먹고 그대로 올라와버렸습니다. 그걸 이제야 깨닫다니, 부동산경매가 장난도 아니고 참 한심했습니다.

그 이튿날, 멀고 먼 길을 다시 달려 면사무소에 도착했습니다.

어제 나갔던 정신이 아직 돌아오지 않은 탓에 면사무소 문을 여는 제 손이 떨렸습니다. 조용히 들릴 듯 말 듯한 소리로 앞에 앉은 여직원에게 물었습니다.

"저…, 농취증 발급받으러 왔는데요?"

여직원이 뒤쪽 직원에게 말하니 그 직원은 서류를 하나 주며 쓰라고 했습니다. 받은 종이의 빈칸을 채워 갖다 주니 직원은 면장님이 출장을 가셔서 오늘 발급이 안 되니 이틀 후에 다시 오라고 했습니다.

"네? 이거 바로 발급된다던데요."

"누가 그래요? 원래 농취증은 3일 정도 걸려요. 현장 확인도 해야 하고, 결재도 받아야 해서."

"아…, 저 서울에서 와서 그런데 오늘 발급 좀 해주시면 안 될까요?"

"해드리고 싶어도 면장님이 안 계셔서 오늘은 안 돼요."

"시간이 걸려도 오늘 해주실 수 있으면 제가 그냥 기다릴게요."

"면장님이 안 오시면 결재가 안 되니까 기다리셔도 소용없어요."

"일단 되든 안 되든 기다려보겠습니다. 제가 다른 일이 있어서 다녀올게요. 잘 부탁드립니다."

당시에는 부동산경매가 왜 이리 복잡하고 짜증나는지 모르겠다는 생각이 들었습니다. 이 일을 앞으로 수도 없이 계속해야 하다니, 한숨이 저절로 나왔습니다. 짜증이 난 제 몸을 쥐어 팰 수도 없고 갑갑하기만 했습니다.

일단 기다리겠다고 하고 면사무소에서 나온 저는 달리 갈 데도 없고 해서 낙찰 받은 집에 한번 가보기로 했습니다. 면사무소에서 500미터도 채 떨어져 있지 않아 차에 오르자마자 금방 도착했습니다.

혹시나 모를 불상사를 방지하기 위해 차를 멀찌감치 세워놓고 집으로 향하는데 반대편에서 마을사람 하나가 걸어나오며 아는 체를 했습니다. "저는 여기 아는 사람이 없는데…" 하는 순간 그제야 기억이 났습니다. 어제 법원에서 만난 바로 그분이었습니다.

이 정도면 저는 정말 눈썰미도, 눈치도 보통 없는 게 아닙니다. 집 앞에 서서 보니 이전에 임장 왔을 때에는 없었던 차단막이 집으로 들어가는 입구에 쳐져 있고, 바닥에 빨간색으로 굵게 출입금지라고 씌어 있었습니다. 그 아저씨는 원래 맹지라서 땅 주인이 올라가는 도로를 사용 못하게 막아놨다고 했습니다.

아저씨는 어떻게 다니느냐고 물으니 자신은 원래 살던 사람이니까 그냥 양해를 해주는 거고, 다른 사람은 못 다니게 한다고 말했습니다. 이 사람들이 저를 얼마나 바보같이 생각했으면 이렇게 속 보이는 짓을 아무렇지도 않게 할 수 있는지 우습기도 하고, 또 제가 얼마나 멍청하게 보였으면 이럴 수 있는지 부끄럽기도 했습니다. 아무튼 그제야 대략 돌아가는 흐름을 파악할 수 있을 것 같아 조금 여유를 찾게 되었습니다.

저는 별 소리 없이 오늘은 농지취득자격증명서를 발급받으러 온 거니까 잔금을 낸 뒤 보자고 했습니다. 그리고 몇 가지 가슴이 콱 막히는 소리를 해주고 싶었지만 그러기에는 제가 아는 게 정말 없었기에 별 다른 소리를 할 수 없었습니다.

제가 가려고 하자 그 아저씨는 약간 당황한 듯했지만 그냥 쳐다보기만 했습니다. 저는 더 이상 무슨 말을 해야 할지 몰라서 가려고 했던 것인데 그 아저씨가 보기에는 그 모습이 자신감으로 비춰졌던 모양입니다. 당시에는 아저씨가 그런 느낌을 받았는지도 몰랐습니다. 이는 나중에 깨달은 것입니다.

다시 면사무소로 돌아와보니 여전히 면장은 출장에서 안 돌아왔고, 서류를 받았던 직원은 다음 날 오기를 종용했습니다. 저는 조용히 나가 음료수 한 박스를 사 들고 와 직원 자리 옆에 놓고 민원인 의자에 앉았습니다. 그리고 면장님이 돌아오신 것은 못 봤지만 한 30분 후 농지취득자격증명서를 받았습니다. 면장님이 없어도 발급을 받았으니 참 좋은 경험이었습니다.

할 수 있는 한
최선을 다하라

이후 어떤 일을 해도, TV에서 어떤 재미있는 프로그램을 해도 관심이 없었습니다. 저는 어깨가 축 처져 딱 농약 먹은 개처럼 비실거렸습니다. 그런데 그 일이 있고 나서 딱 일주일 후 저녁 10시가 넘어 낯선 번호로 전화가 걸려왔습니다. 아무 생각 없이 받았더니 그때 그 아저씨였습니다.

제가 전화를 받자 그분은 다짜고짜 앞으로 어떻게 할 거냐고 물었습니다. 그러면서 맹지라서 집에 들어갈 수도 없는데 어떻게 하려고 그러느냐고 했던 말을 반복했습니다. 아무 생각도 안 났지만, 그래서 저에게는 고민이라고 할 수도 없었기에 간신히 전화기를 부여잡고 쥐어짜듯 말했습니다.

"그건 아저씨가 상관할 일이 아닙니다. 맹지든 뭐든 아저씨가 걱정할 필요도, 신경 쓸 필요도 없습니다. 날아다녀도 제가 알아서 날아다니든가 할게요. 뭐, 그런 것까지 같이 고민해주려고 하세요, 이제 아저씨집도 아닌데요?"

순간 약 5초간 정적이 흘렀습니다. 아저씨는 급작스러운 공격에 할 말을 잃었고, 저는 쥐어짜듯 말한 제 이야기에 스스로 감동을 먹었습니다. 잠시 뒤 아저씨가 자기 한탄을 하며 못된 놈한테 속아 대출사기를 당했다며 연기하듯 울음소리를 냈습니다. 그러면서 돈도 없고, 여기서 쫓겨나면 갈 데도 없으니 확 가족들을 데리고 죽어버리겠다고 했습니다.

갑자기 당황스러워졌습니다. 뜬금없이, 또 정신도 없이 이렇게 상대방이 무너져버리다니 어안이 벙벙했습니다. 한참을 신세 한탄하고 세상을 원망하던 아저씨는 비용을 쳐줄 테니 다시 자기에게 팔라고 했습니다. 아, 일이 이렇게 진행되는 경우는 생각을 못해봤습니다. 생각은커녕 아무런 대책도 없이 덜컥 낙찰을 받았으니 계획이 있을 리가 없었습니다. 아무튼 다시 팔라는 제안을 받았으니 답변은 해야겠기에 생각해보마 하고 전화를 끊었습니다. 그때 저는 몸속에서 찌릿한 전기가 휘몰아치는 것을 느꼈습니다.

이후 며칠에 걸쳐 그 아저씨와 대여섯 번의 통화를 하며 되파는 조건을 가지고 가격을 협의했습니다. 때로는 사정도 하고 때로는 협박도 하며 그 아저씨는 집요하게 저를 몰아세웠습니다. 하지만 제 정신이 돌아온 저는 더 이상 멍청하지 않았습니다.

아저씨와 마지막 통화를 마치고 이틀 후 계약을 마무리하기로 했습니다. 당시 아직 잔금도 내기 전이었습니다. 다음 날 서둘러 법원으로 가 잔금을 내고 법원 앞 법무사에 가서 등기를 의뢰했습니다. 셀프 등기를 하려 했지만 상황이 여의치 않아서 서둘러야 했습니다. 내일 계약을 해야 하니 서둘러 달라고 말하자 법무사는 자신이 거기 출신이라 지금 의뢰하면 오후에는 등기가 나온다며 장담을 했습니다. 돈은 비싸지만 제가 급하니 어쩔 수 없었습니다. 일단 자신만만한 모습에 안심은 되었습니다.

계약 당일 법무사사무실에서 그 아저씨를 만나 계약을 했습니다. 아저씨는 그동안 후줄근한 점퍼 입은 모습만 보여주더니 계약하는 날에는 멋지게 차려입고 나왔습니다. 법무사는 매수자와 매도자 양쪽의 등기를 모두 맡아 수수료를 두 배로 버는 기쁨을 한껏 누리며 일사천리로 계약을 마무리했습니다. 계약을 마치고 나오는데 그 아저씨가 한마디 했습니다.

"덕분에 잘 마무리했네요. 감사합니다. 좋은 물건 나오면 저도 투자하고 싶은데…, 소개 좀 해주실래요?"

뭔가 찜찜한 기분이 들기는 했지만 그래도 계약을 마치고 돈을 받은 후 돌아올 때의 기분은 정말 짜릿했습니다. 세상 모두를 제 손안에 쥔 기분이었습니다. 그날은 정말 새로 태어난 듯한 느낌이 들었습니다.

무식하면 용감하다는 말이 맞는 것 같기도 합니다. 때론 무식해야 일을 저지를 수 있고, 또 저질러야 돈이 되기도 합니다. 그렇게 하며 최선을 다하면 길이 보이고 성공을 향해 나아갈 수 있게 됩니다.

나의 가치를 높이고
투자에 성공하는 비결

　예전에 어느 회사에 다니던 시절의 이야기입니다. 당시 저는 전략기획팀에서 신규 사업을 검토하고 추진하는 업무를 맡고 있었습니다. 신규 사업이란 말 그대로 회사가 현재 진행하고 있는 사업과 전혀 다른 새로운 일을 해서 돈을 벌어들이겠다는 뜻이어서 매출을 꼭 만들어야 하는 부담감은 없었습니다. 하지만 기존의 잘나가는 사업이 있는 상태에서 새로운 먹을 거리를 찾아내는 일이 그렇게 호락호락하지만은 않았습니다.

　회사에서는 그간 여러 건의 신규 사업을 검토해왔고, 자잘한 것들은 실제로 추진도 해보았지만 바로 '이거다' 하는 사업을 찾지는 못하고 있었습니다. 신규로 추진할 만한 사업이 많이 널려 있는 것도 아니다 보니 신규 사업 검토 건이 없는 시기에는 비교적 시간 여유가 있었습니다. 그래서 다른 부서들에서 맡기 싫어하는 여러 잡다한 일들을 떠맡아 하기도 했지만, 이 역시 업무가 많은 것은 아니어서 하루 종일 아무것도 안 하고 빈둥거리는 날들도 있었습니다.

당시 저는 비교적 젊었고 열정도 있었습니다. 그래서 아무것도 안 하고 시간을 죽이는 동안 마음이 어쩐지 허전할 때가 많았습니다. 제가 할 수 있는 일을 한번 제대로 해보고 싶었습니다. 제가 중심이 되어 할 수 있는 일, 회사의 뜻에 반하지 않으면서 저의 비전에도 도움이 될 만한 일이 생기길 바랐습니다. 그때 제 눈에 들어온 게 부동산경매였습니다. 그래서 남는 시간을 이용해 부동산경매를 공부하기로 했습니다.

저는 무작정 서점으로 가 부동산경매와 관련된 책들을 사기 시작했습니다. 다행히 당시 본부장님은 전략기획팀에서 책을 보는 것은 일을 하는 것이나 마찬가지이므로 업무시간에 책을 읽어도 좋다고 말씀해주셨습니다. 그래서 저는 그분의 정책을 확실하게 이용하기로 했습니다. 그렇게 한 3개월 동안 꽤 많은 책을 읽을 수 있었습니다. 회사에서 시행하는 교육을 통해 부동산경매 강좌도 들었습니다. 물론 실무 없이 이론만 배우는 것이기에 그다지 재미는 없었습니다.

그러던 어느 날 본부장님이 제안서를 하나 가지고 오셨습니다. K회사에서 부동산경매 정보사이트를 신규 제작해서 운영 중인데, 자금난과 홍보의 어려움에 봉착해 우리 회사에 지분 30%를 인수해달라는 내용이었습니다. 그래서 전략기획팀에서 그 일을 진행하기로 했고, 저는 마침 부동산경매에 관심을 가지고 있던 터라 적극적으로 제가 검토하겠다고 나섰습니다. 그때가 2005년 즈음으로 기억됩니다.

기존의 틀을 깨야 성공할 수 있다

당시 제가 근무하던 곳은 부동산정보회사였지만 사실 부동산경매정보 혹은 권리분석에 대해 많이 아는 사람은 거의 없었습니다. 그래서 제가 일을 맡은 김에 전문가 수준으로 지식을 넓혀보자고 결심했습니다. 그러기 위해 3개월간 피나는 노력을 했습니다.

처음 그 일을 시작할 때만 해도 제대로 검토해서 우리가 부동산경매 정보사이트를 인수 혹은 신설해서 운영하게 된다면 저는 그쪽 파트로 넘어가야겠다고 생각했습니다. 하지만 당시 우리 회사는 너무나 좋은 '캐시카우(cash cow, 확실히 돈벌이가 되는 상품이나 사업)'를 가지고 있었고, 거기에 비해 부동산경매 정보사이트를 운영하는 것은 너무나 비효율적이고 시장의 크기가 작다는 결론이 나왔습니다. 인정하고 싶지 않았지만 당시 제가 분석한 바에 따르면 시장의 상황은 그랬습니다. 제가 잘못 판단했을 수도 있지만 불행히도 제 분석과 임원들의 시각은 정확하게 일치했습니다. 그렇게 그 사업은 물 건너가버렸습니다.

==제가 그 회사에서 배운 것은 생각의 틀을 깨는 법, 그리고 새로운 시각을 가져야 새로운 것이 보인다는 것이었습니다.== 그럼에도 불구하고 저는 회사가 정해준 기준에만 맞추려고 했을 뿐 틀을 깨려는 시도는 하지 않았습니다. 그 틀을 깨기 위해서는 임원들을 설득할 수 있는 논리와 근거가 명확해야 했는데, 그때까지만 해도 저에게는 그런 능력이 없었습니다. 물론 지금도 어쩌면 그럴지도 모릅니다.

그 회사의 임원들은 대부분 창업자들이어서 그 분야에 대해 누구보다 가장 잘 알고 있었습니다. 그래서 저 같은 일반 직원이 새로운 사업을 해야 한다고 설득하기도 힘들었고, 제가 강력하게 그런 주장을 할 수 있을 만한 경력을 가진 것도 아니었습니다. 존중하는 마음을 담아 말하자면 그분들은 충분히 그럴 만한 자격이 있었습니다. 그 힘든 창업을 했고 나름 성공했기에 더욱 그랬습니다. 반면 저는 아니었습니다. 그것이 그분들과 저의 차이였습니다. 그것은 넘기 힘든 거대한 벽과도 같았습니다.

이미 한 번 자신의 틀을 깨고 성공했던 사람을 상대로 새로운 도전을 하라고 설득하는 것은 엄청난 일이었습니다. 그래서 저는 시도하지 않았습니다. 그리고 회사에서 원하는 대로만 일했습니다. 회사에서 원하는 딱 그만큼만 일한 것입니다. 그건 제가 컨트롤할 수 있는 게임이 아니라고 생각했습니다. 이 생각에는 지금도 변함이 없습니다. 틀을 깨야 하는 것은 맞지만, 그 틀을 깨는 데 많은 시간이 걸린다면 차라리 그 시간에 제가 가진 능력만으로 컨트롤

할 수 있는 다른 틀을 찾는 것이 더 낫다고 생각합니다. 그리고 새로 찾은 그 틀 속에서 실속을 찾는 게 좀 더 효율적이라고 생각합니다.

부동산경매를 하다 보면 굉장히 많이 듣는 이야기 중 하나가 바로 기존의 틀을 깨야 한다는 것입니다. 워낙 부동산경매가 대중화되었고, 많은 사람들이 참여하고 있기에 기존과 같은 방식으로는 더 이상 좋은 투자를 하기가 어렵기 때문에 그런 이야기들이 나오는 듯합니다. 또한 기존의 틀과 사고를 가지고 부동산경매 투자를 하면 다양한 변화에 제대로 대처하지 못해 어려움을 겪을 수도 있습니다. 그러므로 이제껏 가졌던 기존의 틀에서 벗어나 새로운 틀을 만들고 거기에 익숙해져야 할 필요가 있습니다.

새로운 틀에서의
상황 대처 능력이 성공의 열쇠다

실제로 부동산경매를 하는 분들 중 상당수가 기존의 틀을 깨고 좀 더 좋은 투자를 하기 위해 고심하는 모습을 보이기도 합니다. 당연히 그렇습니다. 부동산경매를 하기 위해서는 많은 사람들을 만나고, 조사하고, 탐문하고, 의심해야 하는 것입니다. 분명 이런 일들은 이전에는 하지 않았던 생소한 일에 속합니다. 그런데 처음 접하면서도 이런 생소한 일들을 기가 막히게 잘하는 분들이 간혹 있습니다. 그런 분들은 마치 부동산경매를 하기 위해 타고난 듯이 보입니다. 그들이 투자하는 것을 보면 마치 주변에서 그분을 위해 상황까지도 유리하게 만들어주는 듯해 보입니다.

한번은 경기도 지역에 있는 상가 중 3층 일부가 부동산경매에 나온 적이 있습니다. 당시 이 물건은 프랜차이즈 미용실이 임차를 하고 있었고, 인테리어도 아주 잘되어 있었습니다. 하지만 임장을 해보니 주위의 다른 상가들보다 임대료가 10% 정도 비쌌고, 해당 건물에 공실도 있었으며 바로 옆에 신축 중인 상가도 있었습니다.

세입자 입장에서는 다양한 선택권이 있었기에 현재 위치에서 계속 영업을 할지 확신하기가 어려웠습니다. 당시 임차 조건 그대로 재계약을 한다면 연 20%의 수익률은 무난했지만, 만약 재계약을 안 하고 나가버리면 자칫 투자 실패로 이어져 골치만 아플 우려가 있었습니다. 그래서 결국은 잠깐 검토하다가 입찰을 포기했습니다.

나중에 확인해보니 어떤 분이 3 대 1의 경쟁률을 뚫고 감정가 대비 약 90%의 가격으로 낙찰을 받아 현 미용실과 재계약을 했습니다. 낙찰가격과 취득세를 합하면 거의 5억에 가까운 금액이었기에 어떤 근거로 그렇게 확신하고 재계약을 입찰했는지 궁금했습니다. 그래서 여기저기 수소문해 알아보니 낙찰 받은 분은 임장을 하며 해당 건물의 공실과 주변 신축에 대해 알기는 했지만 크게 신경 쓰지 않았다고 합니다. 그분은 만약 현 세입자가 재계약을 안 하면 다른 곳에서 미용실을 하는 지인에게 현재 임대료보다 좀 더 저렴하게 임대를 해줄 계획을 갖고 있었다고 합니다.

그 이야기를 듣고서 제가 정말 부족했음을 다시 한 번 느끼게 되었습니다. 그분은 미용실과 재계약이 안 될 경우를 대비해 대체할 사람을 물색해두고 있었는데, 저는 오로지 재계약이 안 될 것만 염려했던 것입니다. 그러므로 본 게임에서 생각만 하고 있는 저보다 좀 더 구체적으로 여러 계산을 한 그분의 결과가 더 좋은 것은 당연한 결과였습니다. 그분은 미용실과의 재계약이라는 기존의 틀과 함께 새로운 틀을 대안으로 준비하고 있었던 것입니다.

임장은 제가 더 잘했을지 몰라도 중요한 것은 상황에 대처하는 능력입니다. 기존의 틀을 유지하건, 새로운 틀로 옮겨가 적응하건 상황에 대처하는 능력이 얼마나 뛰어난가에 따라 성패 여부가 결정됩니다. 부동산경매는 그래서 쉽기도 하고, 어렵기도 합니다.

누군가 저에게 틀을 꼭 깨야 하는지 묻는다면 당연히 그래야 한다고 답할 것입니다. 다만 전제 조건은 있습니다. 꼭 필요하다는 확신이 있어야 한다는 것입니다. 그리고 확신이 서지 않는다면 깨서는 안 됩니다. 기존의 틀을 깨고 새로운 틀을 만들어도 그 새로운 틀에서 자신이 강자가 될 수 없다면 굳이 틀을 깨는 수고를 할 필요가 없습니다. 그렇게 만들어진 새로운 틀 속에서도 존재가치가 없기는 마찬가지이기 때문입니다.

〈한국경제신문〉 천자칼럼에서 본 이야기 중에 명의라 불리는 일본의 유명한 의사가 17년간 오진율 15%를 저지른 것에 대한 사람들 각각의 반응이 흥미롭습니다.

일반인: 명의의 오진율이 그렇게 높다니 못 쓰겠군.
의사들: 과연 명의는 명의로군. 오진율이 15%밖에 안 되다니.

자신이 어디에 속해 있느냐에 따라 같은 사안에 대한 반응도 천차만별로 달라집니다. 그것이 우리의 틀을 만들고, 경우에 따라서는 틀을 깨도록 만드는 요인이 되기도 합니다. 부동산경매로 돈을 벌려면 항상 틀을 깨거나 새로운 틀로 옮겨가려는 노력을 해야 합니다. 그것이야말로 우리의 가치를 높일 수 있는 힘이고, 좋은 투자를 할 수 있는 비결입니다.

부동산경매 단기투자
알짜배기 특강 02

부동산경매 단기투자의
방법론

1) 초보자도 단기투자를 할 수 있을까?

무슨 일이든 처음 시도할 때는 어렵습니다. 아니, 어려워 보입니다. 해보지 않았기에 하나하나가 모두 어렵고, 막막합니다. 하지만 한 번만 해보면 전체 프로세스가 눈에 들어오게 됩니다. 어렵다고 해서 단기투자에 관한 모든 지식과 정보를 익히고 시작할 수는 없습니다. 공부부터 완벽하게 하고 시작하려 한다면 지루해서 금세 지치고 맙니다. 모든 것을 다 알 필요는 없습니다. 하나를 알더라도 제대로 알고 시작하면 됩니다.

단기투자는 특정 부류의 전유물이나 똑똑한 사람들만 할 수 있는 것은 아닙니다. 투자하는 방법을 제대로 배우면 누구나 단기투자를 할 수 있습니다. 해보지 않았기에 할 수 없다는 생각이 드는 것이지 투자방법을 정확히 익히면 누구나 가능합니다.

또한 단기투자가 부동산경매를 이용하는 투자이기는 하나 임대수익을 목적으로 하는 투자와는 권리분석 및 물건을 찾는 방식에 있어서 다른 부분이 많습니다. 따라서 기존 부동산경매 지식을 알면 좋지만, 몰라도 충분히 배우고 투자할 수 있습니다. 오히려 기존 지식이 없으면 선입견을 가지고 있지 않아서 더 나은 투자를 할 수도 있습니다.

부동산경매를 이용한 단기투자에 필요한 지식은 그리 많지 않습니다. 돈을 벌기 위한 부분만 공부하면 됩니다. 기초적인 공부만 하고, 투자를 하면서 나머지를 습득해 나가면 됩니다. 공부부터 마치자면 한도 끝도 없습니다. 단기투자가 가능한지 의심하거나 고정관념을 갖지 말고, 일단 시작하는 것이 좋습니다. 알아도 병이고, 몰라도 병입니다. 모든 것을 한 번에 다 안다 해도 골치만 아플 뿐입니다.

다만, 하나를 알더라도 정확히 알아야 합니다. 대충 알면 크게 다칠 수 있습니다. 하나씩 정확하게 알고, 제대로 활용해야 단기투자로 돈을 벌 수 있습니다. 열심히 하겠다고 공부만 계속 하면 힘만 듭니다. 열심히 하지 말고, 제대로 투자를 해야 합니다. 그렇게 해야 단기투자로 돈을 벌게 됩니다. '열심히 공부해서 1년 뒤엔 나도 돈 좀 벌자'라는 생각은 참 미련한 짓입니다. 제대로 공부하고 제대로 투자하면 첫 투자부터 수익을 만들 수 있습니다. 무작정하지 말고, 제대로 하면 됩니다. 그럼 힘들지도 않고, 재미있게 돈 벌 수 있게 됩니다.

2) 부동산경매 단기투자, 어떻게 시작해야 할까?

단기투자는 물건분석이 가장 중요합니다. 그러려면 경매로 물건을 매수했다가 짧은 기간에 다시 팔 수 있는 물건의 유형에 대해 먼저 공부해야 합니다. 단기투자가 가능한 물건의 기본적인 특성을 먼저 익히고, 해당 물건이 주변의 다른 부동산에 어떤 영향을 미치는지 실제 경매에 나온 물건을 찾아보며 공부하셔야 합니다.

처음부터 한꺼번에 다양한 물건의 유형을 익히는 것은 쉽지 않습니다. 그러니 일단은 단기투자에서 가장 기본이 되는 법정지상권이라는 물건부터 익히는 게 좋습니다. 하나의 물건 유형에 익숙해지면 다른 물건에도 금세 적응할 수 있게 됩니다.

실무적으로 법정지상권이란 토지와 건물이 같이 있다가 그중 하나만 특정 이유로 인해 소유권이 변경되는 물건을 의미합니다. 특히 경매에 의해 둘 중 하나의 소유주가 바뀌고, 서로 간에 다툼이 생기는 경우에는 대부분 건물이 계속 존재할 수 있는지 여부를 따지게 됩니다.

이때 건물이 소유주의 허락 없이도 계속 존재할 수 있다면 법정지상권이 성립된다고 합니다. 반면 건물을 철거해야 하면 법정지상권이 성립되지 않는다고 표현합니다.

법정지상권이 성립되지 않는 경우 원칙적으로는 건물을 철거해야 하지만, 토지주의 승낙이 있으면 철거하지 않아도 되는데 이런 법정지상권의 특성을 단기투자에 이용하게 되는 것입니다. 말로 풀어 설명하면 복잡하지만, 실제 투자를 해보면 그리 복잡하지는 않습니다.

법정지상권 투자에서 핵심은 투자자가 투자하려는 물건이 다른 부동산에 미칠 영향이 얼마나 중대한가 여부입니다. 만약 투자대상 부동산이 다른 부동산에 미치는 영향이 미미하면 다른 부동산 소유주가 굳이 투자대상 부동산을 사려하

지 않을 것입니다. 그러니 이런 부분에 대해 좀 더 상세하게 공부해야 제대로 된 투자를 할 수 있습니다.

3) 법정지상권이란?

아파트나 오피스텔처럼 표준화되어 있는 부동산은 등기사항전부증명서(예전의 등기부등본)이 하나로 구성되어 있습니다. 즉, 집합건물이라고 해서 하나의 증명서에 토지와 건물에 대한 권리를 다 적습니다. 따라서 이런 표준화되어 있는 부동산은 토지와 건물이 분리되어 거래될 수 없습니다. 반면 단독주택 같은 경우는 비 표준화 되어 있는 부동산이기에 등기사항전부증명서가 토지 및 건물로 각각 나뉘어 구성되어 있습니다.

이렇게 나뉘어 있는 부동산이 특정한 사정에 의해 어느 한쪽의 소유주가 바뀌게 되면 그때부터는 건물이 법적으로 계속 존재할 수 있는지 여부가 중요해집니다. 단순하게 보면 소유주가 바뀌는 것이 뭐 그리 큰 문제냐고 생각할 수도 있습니다. 하지만, 경매를 통해 토지의 소유권이 바뀐 것이라면 상황이 달라집니다.

토지를 낙찰 받은 사람은 위에 존재하는 건물 때문에 토지를 제대로 활용하지 못하게 되므로 건물을 철거하는 것이 좋습니다. 반면 건물주는 멀쩡한 건물을 철거하면 손해를 보게 되므로 어떻게 해서든 건물이 철거되지 않도록 해야 합니다. 이 과정에서 법정지상권 물건을 매수해 단기투자를 하게 됩니다. 법정지상권을 이용한 단기투자는 주로 토지를 이용하지만, 건물을 낙찰 받아서 단기투자를 하기도 합니다.

4) 집 앞 골목길도 단기투자가 가능할까?

저도 예전에 방송에서 주택가 골목길을 매수한 뒤 차단기를 설치해 통행을 막고, 통행료를 받으려 하는 등의 막무가내 식 투자에 관해 본 적이 있습니다. 하지만, 그런 투자는 단기투자와 전혀 다른 것입니다. 불특정 다수가 사용하는 동네 골목이나 도로 등은 아무리 사도(개인 소유)라 할지라도 단기투자의 대상이 될 수 없습니다. 그런 행동은 형법 제185조 일반교통방해죄에 해당되어 10년 이하의 징역 또는 1,500만 원 이하의 벌금형을 받을 수도 있으니 그런 투자는 절대 하시면 안 됩니다.

5) 투자하는데 돈은 얼마나 필요할까?

부동산경매 단기투자를 하는데 필요한 자금은 물건 별로 많은 차이가 있습니다. 작게는 500만 원~1,000만 원으로도 단기투자를 할 수 있습니다. 자신이

가진 자금에 맞춰서 물건을 찾고, 투자를 할 수 있는 것입니다. 특히 처음 단기투자를 할 때는 소액물건으로 투자를 경험해 보는 것이 좋습니다. 1,000만 원 미만의 소액물건으로도 단기에 300만 원 이상의 수익을 얻을 수 있습니다. 경험을 쌓아서 투자금액이 커지면 그에 비례해서 수익도 커지게 됩니다.

부동산경매 단기투자는 빠른 기간 내에 자금을 회수한 뒤 재투자하는 형태이므로 적은 자금으로도 얼마든지 반복적인 재투자가 가능합니다. 투자는 한번으로 끝나는 재테크가 아니니 반복투자를 해 나가며 여러 경험을 쌓을 수 있고, 투자수익을 모아서 가용자금도 늘려 나갈 수 있습니다. 결국 반복투자를 통해 수익을 늘릴 수 있고, 점차 건당 투자금액을 늘려 수익의 규모도 크게 만들 수 있습니다.

한마디로 부동산경매 단기투자는 돈이 있어야 투자를 할 수 있다는 고정관념을 벗어나게 만드는 투자입니다. 돈이 있어야 하는 투자가 아니라 투자를 해서 돈을 만드는 투자인 것입니다.

부동산경매 단기투자는 많은 돈이 있어야 할 수 있는 투자가 아닙니다. 지금 가진 돈이 500만 원 밖에 없다면 그 돈에 맞춰 투자가 가능합니다. 오히려 경험을 쌓을 때까지는 많은 돈이 필요치 않습니다. 경험이나 지식이 부족한 상태에서 많은 돈을 투자하는 것은 위험합니다. 투자자금에 여유가 있어도 처음 2~3번은 2,000만 원 미만의 소액으로 단기투자의 경험을 쌓아야 합니다. 그런 뒤에 자금의 규모를 늘려 투자하는 것이 좋습니다. 해보지 않은 상태에서 많은 자금을 투자하는 것은 금물입니다.

6) 한 건 하면 얼마나 벌 수 있을까?

투자 건마다 조금씩 다르지만, 2,000만원 미만의 소액투자에서는 보통 300~700만 원의 수익을 얻을 수 있습니다. 물론 개인마다 정도의 차이는 있을 것입니다. 또한 잘 마무리가 되는 경우에 수익이 생기는 것이지, 단기투자를 하면 무조건 수익이 발생하는 것은 아닙니다. 5,000만 원 이상의 투자에서는 투자자의 협상능력에 따라 수익 규모가 크게 달라지기 때문에 평균이라는 걸 매길 수가 없습니다. 투자금액이 늘어나면 상대의 자금력과 투자자의 대응력에 따라 수익이 달라지므로 처음에는 욕심을 부리지 말고, 제대로 공부해서 단기투자의 방식에 익숙해지는 게 중요합니다.

7) 샀다가 바로 팔면 세금이 많이 나오지 않을까?

주택은 1년 미만 보유 후 팔면 양도소득세율이 40%이지만, 단기투자의 주요 대상인 토지는 1년 미만 보유 후 매각 시 양도소득세율이 50%나 됩니다. 그러니 단기투자에 대해 관심을 가지는 분들이 많은 세금 때문에 우려를 하는 것도 사실입니다. 다만, 양도소득이라는 것은 매각해서 이익이 나면 내는 세금이므로 처음부터 그리 신경을 많이 쓸 필요는 없습니다.

수익이 발생하는 부분에 대해 세금을 내는 것은 당연한 일인데 단기투자를 해보지도 않은 상태에서 세금부터 걱정하는 것은 구더기가 무서워 장을 못 담그겠다고 말하는 것이나 마찬가지입니다.

물론 매각 시 양도소득세의 일부라도 매수자가 부담하는 것으로 약정하는 등의 합법적인 테두리 내에서 세금을 절약할 수 있는 다양한 절세 방안들이 있습니다. 중요한 것은 단기투자를 통해 수익을 내는 것입니다. 그러니 세금이 많이 나올 것을 걱정하기 전에, 일단 공부하고 투자부터 실행해보는 것이 제대로 된 투자자의 자세일 것입니다.

돈 버는 부동산경매 단기투자 비법 훔쳐보기

새로운 것보다 새로운 시각
잘 맞은 아웃, 빗맞은 안타
말을 건네면 몸이 따른다
추측과 사실의 차이
먹을 수 있는 상황에서 먹어라
상대방의 기를 살려줘라
단기투자 일반화의 오류

새로운 것보다
새로운 시각

　부동산경매 절차에 대해 물어보면 제대로 대답하지 못하면서 실제로 투자는 잘하는 사람이 있습니다. 반면 경매 절차와 권리분석에 대해서는 굉장히 많이 아는데 실전은 거의 경험해보지 못하고 공부만 한 사람도 있습니다. 제 주변에도 그런 사람이 하나 있습니다.

　그 친구는 항상 다른 사람의 경매 결과와 처리 과정에 대해 궁금해합니다. 그리고 가능하면 따라다니며 배우고 싶어 합니다. 배우려는 의지가 강하고 실제로 공부도 많이 합니다. 투자대상 물건을 놓고 의견을 교환할 때에는 누구보다 열심입니다. 모르는 사람이 보면 꼭 낙찰 받은 사람같이 보입니다.

　오래 공부했지만 막상 본인은 투자를 경험해보지 못했습니다. 옆에서 가만히 보고 있자니 이론적으로 너무 많이 알기에 오히려

이것저것 신경 쓰이는 게 많아서 투자를 망설이는 듯했습니다. 보다 못해 조언을 해주려 해도 자기보다 권리분석을 많이 아는 사람이 없고, 자기보다 그 물건을 많이 분석한 사람이 없기 때문에 조언이 잘 먹히지 않았습니다. 안타까운 마음에 언제고 그 친구를 도와주고 싶었습니다.

그러던 차에 기회가 생겨 그 친구와 같이 지방에 단기투자 물건을 입찰하러 가게 되었습니다. 금액이 그리 크지 않았고 권리관계도 그다지 복잡하지 않아서 입찰 당일 오전에 확인해보고 적절한 가격에 낙찰 받으면 되겠다 생각했습니다. 동시에 이번 기회에 실전을 경험하게 해주고 실무에 대한 자신감도 불어넣어주고자 했습니다.

그런데 막상 현장에 도착해보니 물건은 둘째치고 동네 분위기가 너무 안 좋았습니다. 한마디로 잘못 낙찰 받았다가는 바로 파는 것은 고사하고, 자손대대로 물려줄 수밖에 없을 것처럼 보였습니다. 물건은 보지도 않았는데 동네 자체의 분위기가 안 좋다 보니 시작하기도 전에 지치는 느낌이었습니다.

제가 추천했던 터라 조금 걱정이 되어 그 친구의 눈치를 살폈으나 얼굴 표정만 봐서는 어떤 생각을 가지고 있는지 전혀 알 수가 없게끔 포커페이스를 유지하고 있었습니다. 당시 이 친구는 낙찰을 받아 처리해본 경험은 없지만, 권리관계에 대해 저보다 훨씬 더 많이 알고 물건을 보는 눈도 좋은 것 같았습니다. 따라서 시작 단계에서 좋은 경험을 하게 되면 앞으로 부동산경매를 굉장히 잘할 수 있을 것 같다고 생각한 저는 수익을 떠나 사심 없이 먼저 도와주고 싶었습니다. 물론 먼저 도움을 베풀면 나중에 저에게도 그 도움이 오리라는 기대도 있었습니다.

답이 보이지 않을 땐 기본에 충실하라

물건 앞에 도착해보니 동네에서도 가장 안 좋은 위치에, 집도 사진에서와 달리 더 낡아 있었습니다. 게다가 땅도 40평이 채 안 되는 농촌의 전형적인 농가주택이었습니다. 슬쩍 마당으로 들어가보니 마당에서는 옥수수를 말렸던 자국이 어지럽게 널려 있고, 빨래거리가 몇 개 걸려 있을 뿐 조용했습니다. 집을 빠져나와 그 집의 사정에 대해 물어볼 만한 곳을 찾으러 가며 물었습니다.

"어떤 것 같아 보여?"

"글쎄요, 아직은 잘 모르죠. 조사를 좀 더 해봐야죠."

신중한 답변이었습니다. 그리고 이는 그 친구가 맘에 드는 또 한 가지 이유였습니다. 하지만 지금까지의 대화 내용으로는 그다지 좋은 물건이 아닌 것 같다는 생각이 들었습니다. 세 시간 넘게 차를 타고 왔는데 그냥 올라가야 할 것 같아 마음이 답답했습니다.

그 친구는 마을 초입에 있는 우체국 직원에게 이것저것 캐물었습니다. 그리고 세입자 없이 소유주가 부인과 같이 살고, 아들이 둘

인가 있는데 읍내에서 직장생활을 하며 산다는 사실을 알아냈습니다.

몇 가지 새로운 사실은 알아냈지만 입찰 여부에 영향을 줄 만한 중대한 내용은 아직 없는 상태였습니다. 어느덧 입찰 시간이 다가와 이제는 입찰 여부를 결정해야 할 때가 되었습니다. 금액이 크지 않은 지방 물건은 종종 입찰 당일 오전에 현장을 확인하고, 큰 이상이 없으면 입찰을 했었기 때문에 저는 이 물건도 그 기준으로 생각하고 있었는데 상황이 전혀 달랐습니다.

"어때? 해볼까?"

"글쎄요, 잘 모르겠네요. 어떤 것 같으세요?"

평소라면 자기 의견을 강하게 주장했을 텐데 그날따라 그 친구는 공을 저에게 넘겼습니다. 아마도 첫 투자여서 긴장을 하는 듯했습니다. 상황이 별로 좋지 않게 흘러가고 있었습니다. 일단 제가 추천을 했으니 해결도 적극적으로 도와줘야 할 것이고 그러면 잘돼야 본전, 안 되면 굉장히 난감한 상황으로 치달을 것이라는 생각이 들었습니다.

당장 결정을 내리기 어려워 일단 내려왔으니 법원으로 가면서 좀 더 생각을 해보기로 했습니다. 법원으로 가는 도중 생각이 복잡해졌습니다. 처음에는 단순하게 샀다가 파는 것만 생각하고 접근했는데 이 물건 자체가 그럴 수 있을지 확신이 서질 않았습니다. 어떤 방식으로 처리하는 게 가장 좋을지 고민이었습니다. 그러는 사이 어느새 법원에 도착했습니다. 옆에 앉아 있는 그 친구를 보니 그 역시 묶이는 것에 대한 걱정이 있는 듯했습니다.

저는 기본적인 사항부터 다시 생각해보기로 했습니다. 문제가 잘 풀리지 않거나 막막할 때에는 새로운 것을 찾기보다 기존의 사실들을 한 번 더 확인해보는 게 낫다는 것을 경험적으로 알았기에 본능적으로 그렇게 했던 것입니다.

'이 물건의 소유주는 그 동네가 할아버지 대부터 살아온 고향이고, 주택을 직접 지었으므로 애착이 무척 강할 것이다. 그러므로 낙찰을 받아서 소유주에게 되파는 것을 추진해보는 방법도 나쁘지 않을 것이다.'

이렇게 생각을 정리하고 그 친구에게 의견을 말했습니다. 하지만 그는 여전히 뭔가 부족함을 느꼈는지 확실한 결정을 내리지 못했습니다. 그가 결정을 내릴 만한 어떤 조치가 필요했습니다. 그리고 부동산경매 물건 그 자체에 대해서는 제가 상황을 바꿀 수가 없지만, 그 외의 부분에 대해서는 상황을 정리하고 결심을 굳히게 할 만한 게 있을 수 있다는 긍정적인 생각을 했습니다.

"이거, 네 입장에서는 첫 입찰인데 어렵게 됐다. 그렇다고 이 먼 곳까지 와서 그냥 올라가기는 억울하고, 또 네가 본격적으로 결심한 이후의 첫 입찰인데 너한테 어려운 짐을 맡기는 것도 내 맘이 편치 않다. 그러니 이번 건은 너랑 나랑 공동으로 투자해보자."

"네, 그렇게 하죠."

역시 그 친구가 결정을 내리지 못하는 것은 혼자 투자를 하는 것에 대한 부담 때문이었습니다. 표면적으로 나타나는 상황을 바

꿀 수는 없지만 심적인 부담을 줄이는 방법으로 때로는 같이 입찰에 들어가는 것도 좋은 방법입니다. 그렇게 둘이 공동투자를 하기로 하고 우리는 입찰에 참여했고 두 사람을 제치고 낙찰을 받았습니다.

어렵사리 먼 길을 와서 투자했으니 일단 현장으로 돌아가서 소유주를 만나보고 가기로 했습니다. 현장에 도착하니 아침에 보지 못한 오토바이가 집 앞에 세워져 있었습니다. 들어가보니 소유주인 할아버지가 앉아 있었습니다. 제가 들어가 인사를 드리니 이내 그 익숙한 말들을 속사포처럼 터뜨리셨습니다.

"여긴 내 집이고, 내가 직접 지은 집이다. 대출받은 게 약간 문제가 있어서 경매에 넘어간 것뿐이다. 당신들이 뭔데 여기 와서 나보고 나가라, 마라 하냐. 난 절대 안 나간다."

그렇게 일방적으로 밀리는 할아버지의 말을 듣고, 서울로 돌아오는 내내 우리는 서로 말이 없었습니다. 고심 끝에 받은 물건이라 뒤끝이 개운치 못했습니다.

서울에 올라온 다음 날 신경이 쓰여 좀 빠르게 움직여보기로 했습니다. 우선 내용증명을 한 통 써서 보내고 반응을 본 후 다음 대응을 하기로 했습니다. 저는 내용증명 초안을 잡아 그 친구에게 주며 최대한 빨리 보낼 것을 당부했습니다.

이틀이 지나 그 친구에게 연락해 내용증명 발송 여부를 물었습니다. 당연히 보냈을 거라고 생각했는데, 그는 아내가 다니는 회사 건물에 우체국이 있어 거기서 보내려고 했다가 주소를 제대로 안

적어서 아직 못 보냈다고 오늘 보낸다고 했습니다.

'이런, 돌발 변수다. 그것도 어처구니없이 허무한 변수.'

자기 돈이 들어갔는데 아직도 일을 미적거리고 있다니 짜증이 났습니다. 빨리 보내라고 당부까지 했는데도 이렇게 행동하다니 정말 할 말이 없었습니다. 일단 알았다고 하고 전화를 끊었지만 답답했습니다. 이런 조그만 일에 짜증이 나는 제 자신이 더 원망스러웠습니다. 그 친구도 직접 내용증명을 발송하지 못할 사정이 있었을지 모르는데 별것 아닌 부분에서 감정을 드러내는 제 모습이 못마땅했습니다.

생각을 바꾸면
새로운 것이 보인다

이후 내용증명을 보냈다는 연락이 왔고, 또 3일이 지났을 즈음 소유주에게 연락이 왔다고 그 친구에게서 다시 연락이 왔습니다. 처음엔 큰소리로 나무라더니 전화 말미에 가서는 자기가 못나서 이렇게 된 것이니 비용만 조금 받고 다시 넘겨달라고 했답니다. 기분이 다운되어 있던 차였는데 그 소식 하나에 바로 웃음이 터졌습니다. 이야기를 전하는 그 친구의 목소리에도 힘이 들어가 있었습니다. 투자를 하고 나서는 내내 소극적인 모습을 보였는데 상황이 바뀌자 어느새 예전의 자신만만하던 모습으로 돌아온 것입니다.

그 후 약 일주일에 걸쳐 그 친구는 들뜬 목소리로 소유주와의 협상 내용을 전달했습니다. 그리고 결국 입찰 비용보다 조금 더 받고 소유주에게 다시 넘겨주기로 했습니다.

계약하기로 한 날 그 친구를 만나니 원래도 그랬지만 전보다 훨씬 더 정중한 태도로 변해 있었습니다. 기분 좋게 내려가 소유주를 만나 협상과 계약을 마무리하고, 점심을 먹기 위해 주변 고깃집을 찾아 들어갔습니다. 그 친구가 흐뭇하게 웃는 모습을 보니 저도 기분이 좋았습니다. 그 친구가 내용증명을 이틀 늦게 보낸 것이 오히려 소유주가 생각을 바꾸는 데 도움이 되었을 수도 있다는 생각이 들었습니다. 오히려 제가 그 친구에게 감사할 일이었습니다. 마무리가 좋으니 모든 것이 만족스러웠습니다. 점심을 먹고 나오는데 그가 봉투 하나를 내밀었습니다.

"덕분에 첫 건을 기분 좋게 해결해서, 감사해서 드립니다. 받아주세요."

저는 거절하지 않고 받았습니다. 그리고 그중 일부를 떼어 다시 그 친구에게 건넸습니다. 그도 즐겁게 다시 받았습니다. 그렇게 우리는 그날 하루 행복했습니다. 조그만 수익 그리고 성공이었지만 감사했습니다.

이후 그 친구와는 한두 건 정도를 더 같이 하고 연락이 끊겼습니다. 투자 물건을 고르고, 입찰 여부를 협의할 때마다 매번 의견 충돌이 있었던 것이 주원인이었습니다. 그리고 꽤 오랫동안 연락해보지 않아서 그가 경매를 여전히 하고 있는지는 잘 모릅니다.

예전에 전북지역 법원에서 우연히 입찰하러 온 그 친구를 만난 적이 있었는데 그때 그는 자기 것이 아니고 그냥 입찰 대행을 해주러 왔을 뿐이라고 했습니다. 그때 봤던 그의 모습은 항상 새로운 것을 찾는 듯 보였지만, 그다지 마음의 여유를 가지고 있지는 않은 듯 보였습니다. 서울에 가면 한번 보자고 했지만 그 친구는 별다른 대꾸를 하지 않았습니다. 서로 연락이 없던 그동안 새로운 시각으로 물건을 보는 눈을 익혔다면 그는 주변에서 아는 사람보다 훨씬 더 큰 사람이 되었을 것입니다.

자신이 지금 하는 것은 별 볼일 없다고 생각하고 또 지루해서 뭔가 새로운 것, 즉 지금 하는 일보다 훨씬 더 쉽게 또 훨씬 더 빨리 돈을 벌 수 있을 만한 것을 찾는 사람들이 참 많습니다. 하지만 무조건 새로운 것을 찾아 새롭게 시작하는 것보다 보는 시각을 조금 바꾸는 것이 더 나을 것이라는 생각이 듭니다. 이제까지와는 다른 전혀 새로운 것에 익숙해지기 위해 해야 하는 노력보다 기존의 것을 새로운 시각으로 바라보는 것이 분명 좀 더 쉽고 좀 더 빠른 길이 될 수 있을 것입니다.

잘 맞은 아웃,
빗맞은 안타

이른 초봄 공매에서 도로를 하나 발견했습니다. 지목은 '전'이나 사실상 도로로 사용 중인 땅이었습니다. 이전까지 도로를 낙찰받아본 경험은 없으나 잘 잡으면 괜찮다는 이야기는 여러 차례 들어서 욕심이 났습니다. 금액도 그다지 크지 않아서 경험 삼아 해볼 만하다고 여겼습니다.

그 땅이 없으면 전원주택 네 채가 그대로 지나다닐 길이 없어져버릴 상황이었습니다. 아마도 전원주택을 짓고 나서 도로 부분에 대한 채무 정리가 되지 않아 주택 소유주들에게 지분등기가 안 된 듯 보였습니다. 이미 완전히 도로로 사용되고 있기에 서로 적정한 선에서 협상을 하고 마무리하려는 생각이었고, 상황이 여의치 않을 경우 도보만 허용하고 차량 통행은 안 되는 수준의 압박 정도를 해볼 생각이었습니다.

기본적인 점검과 사후 계획을 세우고, 감정가의 대략 50% 즈음에서 낙찰을 받았습니다. 처음에는 천천히 압박을 가해 최대의 효용을 맛보려고 생각했지만, 낙찰을 받은 후 도로에 관한 대법원 판례 몇 개를 찾아본 결과 낙찰자에게 그다지 유리하지 않은 내용들이 대부분이었습니다. 그래서 좀 더 빠르게 진행해 마무리를 하기로 했습니다.

2011년 이전 물건이라 잔금에 대해 60일의 기한을 주었기 때문에 금전적인 여유를 가질 수 있었습니다. 먼저 잔금을 내기 전 경계 측량을 하기로 하고, 당시 대한지적공사에 전화를 걸어 신청을 했습니다. 낙찰자가 이해관계자인지 여부에 대해 이견이 있어 어려움이 있기는 했으나 상황을 설명해 겨우 이해를 구했습니다.

처음부터
너무 기대하지 마라

측량 당일 현장에 도착해보니 오전이라 그런지 주위가 조용했습니다. 잠시 후 측량기사 네 분이 도착해 측량을 시작했습니다. 조용하던 전원주택 단지에 외부 사람들이 나타나 측량을 시작하니 동네 사람들이 하나둘 내다보기 시작했습니다. 그리 좋은 느낌은 아니었습니다.

그중에 우리 땅과 상관없는 근처 주택에 거주하신다는 어떤 아저씨가 나와 호기심 어린 눈으로 측량하는 것을 지켜보더니 물었습니다.

"이게 지금 뭐 하는 거예요?"

"부동산경매로 이 땅이 넘어가서 이제 여기 네 채에 사시는 분들은 길이 없어지거든요. 이 분들은 이제 돈 내고 이 앞으로 지나다니셔야 해요. 그게 싫으면 공중부양을 배우시면 되고요."

저는 순간적으로 악동 기질이 튀어나와 맘 좋아 보이는 아저씨에게 농을 섞어 말했습니다. 아저씨는 내 농담을 심각하게 받아들였습니다.

"아이구, 그럼 이제 이 분들은 큰일났네요. 이거 어쩌면 좋죠?"

"글쎄요. 우리는 측량만 하는데 앞으로는 이거 문제가 좀 심각할 겁니다."

저는 단순히 측량하러 온 사람 마냥 남 일 이야기하듯 아저씨에게 대꾸했습니다. 부동산경매를 할 때 이웃사람이 끼어들어서 별로 좋았던 기억은 없었기에 그냥 그러고 말았습니다.

"저, 혹시 그럼 앞으로 양쪽이 협상해야 할 때 필요하시면 제가 중재해드릴 테니 여기로 연락주세요."

뜬금없이 아저씨는 지역신문 기자 명함 하나를 내밀면서 중재자를 자처하고 나섰습니다.

"네, 그러세요. 명함은 땅 주인에게 잘 전달할게요. 잘되면 서로 좋은 거죠, 뭐."

그렇게 아저씨와의 대화를 마무리 짓고 다시 측량하는 것에 집중하려는 찰나 도로와 맞붙은 전원주택 중 첫 번째 주택에서 웬 예쁘장한 아주머니가 한 분이 나와서 두리번거렸습니다. 옆에 선 아저씨가 조그맣게 탤런트라고 이야기를 해주었습니다. TV에서 본 적이 없는데 탤런트랍니다. 하긴 꼭 TV에 많이 나와야 탤런트는 아니니 그런가 보다 했습니다.

측량하시는 분들도 탤런트인 줄 알았는지, 얼굴이 예뻐서 그랬는지 계속 힐끗힐끗 쳐다봤습니다. 저는 여자에 관심이 없어서 별로 안 쳐다봤습니다.

탤런트로 추정되는 그 아주머니는 아침부터 시커먼 장정들이 여기저기 쑤시고 다니니 뭔 일인가 싶었던 것 같습니다. 저는 다시 장난기가 발동해 측량기구 하나를 들고 아주머니 옆을 서성였습니다. 아주머니가 저를 측량기사로 봤는지, 아님 잘생겼다고 여겼는지 다가와 물었습니다.

"이거 지금 뭐 하는 거예요?"

"네, 이 주택 앞의 땅이 경매로 넘어가서 지금 측량하는 중인데 땅 주인이 측량 끝나면 여기다 양어장을 짓는데요. 앞으로 여기로 다니려면 좀 힘드시겠는데요."

아주머니 얼굴색이 변했습니다. 안타까워서 보호해주고 싶었지만 저는 여자 보기를 돌같이 하니 꾹 참았습니다.

"아니, 우리는 돈 다 주고 이 집 사고, 땅도 샀는데 웬 경매래요?"

"그러게요. 우리는 잘 모르겠어요. 아마도 건축하신 분이 잘못해서 그런 거 같은데요."

"혹시, 여기 땅 받으신 분 연락처 아세요?"

"저는 잘 모르고요. 연락처 하나 주시면 제가 소유주한테 전달해드릴게요."

"저는 여기 소유권에 관해 잘 몰라서…, 저기 안쪽 집 아저씨가 여기 공사를 처음부터 관여해서 잘 아시는데…."

정말로 저는 다른 생각이 있었던 것은 아니고 그냥 관련자 연락처를 하나 받으려고 했을 뿐입니다. 하지만 뭐 어쩌냐, 연락처를 안 주니 그냥 됐습니다. 다른 쪽으로 가서 소유주 연락처를 묻는 시늉을 하고 제 명함 하나를 아주머니에게 건넸습니다.

"여기 이 분이 땅 받은 분이라니까요, 나중에 연락해보세요."

"네, 고맙습니다."

약 한 시간여에 걸친 측량을 마치고, 우리 땅이라는 말뚝을 10여 개 박았습니다. 도로만 제가 낙찰 받은 땅인 줄 알았더니 측량 결과 세 번째 집의 처마도 일부 땅을 침범했습니다. 그 집 처마도 이제 제 것으로 보였습니다.

오전 10시가 훌쩍 넘은 시간이라 여러 주택 중 사람이 있는 곳은 탤런트 아주머니네 한 곳뿐이었고, 다른 집들은 다 비어 있었습니다. 사람들이 좀 있었으면 떠들썩하고 불안감이 조성되어 협상에 나쁘지 않은 영향을 미칠 수도 있었는데 아쉬웠습니다. 아무튼 첫 대면 결과로는 나쁘지 않았습니다. 좋은 수익을 올릴 듯한 느낌이었습니다. 그런데 경계 측량을 하고 난 이틀 후 낯선 번호로 전화가 왔습니다.

"여보세요? ○○리 땅 낙찰 받은 분이세요?"

"네, 그렇습니다만 누구시죠?"

"저는 거기 전원주택 건축한 사람인데요. 여차여차해서 쫄딱 망하고, 지금 강원도에서 숨어 다니고 있어요."

첫마디부터 그분은 저를 무장해제시켜 버렸습니다. 이후 한참 동안 신세 한탄을 하더니 경매를 취하하려고 하니 동의를 해달라고 했습니다. 젠장이었습니다. 잘 맞았다고 생각했더니 아웃이었습니다. 허, 참, 저는 취하 동의해달라면 원래 조건 없이 상하좌우 지위고하를 막론하고 바로 해주기에 허탈했습니다.

"그럼 여차여차해서 이렇게만 좀 도와주세요. 확인되면 동의서 부쳐드릴게요."

다음 날 확인하니 제대로이긴 했습니다. 그래서 동의서를 보내주고 끝냈습니다. 그렇게 3루타 정도 될 것 같던 물건이 아웃 되며 게임은 종료되었습니다. 잘 맞았다고 생각했는데 역시 게임은 끝나봐야 정확한 승부를 알게 됩니다.

큰 수익을 낼 수 있다고 생각했는데 예상과 전혀 다른 결론에 정말 힘이 빠졌습니다. 해결하기 전 수익에 대한 기대부터 했기에 더욱더 아까운 생각이 들었습니다.

작은 기회가
위대한 것의 시작이 된다

그렇게 허무하게 물건을 날리고 몇 날 며칠을 시름에 떨고 있던 차에 잘 아는 동생 하나가 슬며시 물건 하나를 내밀었습니다. 이것도 부동산경매라 부를 수 있을까 싶을 정도로 전체 금액이 50만 원도 안 되는 민망한 금액이었습니다.

그 물건을 건넨 동생은 금액이 적기는 한데 조사를 해보니 정말 좋은 것 같아서 한번 해보고 싶다고 했습니다. 하지만 그 속마음은 저를 일하게 만들려고 하는 듯이 보였습니다. 맨날 제가 형이라고 시키기만 하고 하는 일 없이 노는 모습만 보이니 이번 기회에 저를 엿 먹이려는 의도로 해석되었습니다. 그래서 그 동생에게 짐짓 점잖은 형의 모습으로 분해 이런 작은 물건을 악착같이 낙찰 받아서 남의 돈을 빼먹으려 해서 되겠느냐고 훈계를 했습니다. 마지막으로 이런 물건까지 하면 3년 재수없을 수도 있다고까지 말하며 쐐기를 박았습니다. 그래도 동생은 하고 싶어 하는 눈치였습니다.

그런데 그날 저녁 기가 막히게도 그 조그만 물건의 경매가 있는 법원으로 입찰을 하러 간다는 사람이 있어서 그에게 덤으로 조그만 물건도 입찰해달라고 부탁했습니다. 그리고 다음 날 진행된 입찰에서 그 조그만 물건은 우리 것이 되었습니다. 부동산이 경매에 나오는 사연은 다 제각각 이지만, 그런 경매물건의 주인은 다

즉시 팔고 바로 버는 부동산경매 단기투자 2

따로 있는 것이 아닐까 하는 생각이 듭니다.

다음 날 그 민망하고 쪼매난 물건을 낙찰 받은 것이 우리라는 사실을 확인한 그 동생은 입이 찢어질 듯했습니다. 그 모습을 보니 정말 받고 싶었던 것 같다는 생각이 들었습니다. 하지만 제가 보기엔 여전히 불안불안 했습니다. 잘 해결될 수 있을지 확신할 수 없었습니다. "작은 고추가 맵다"는 말이 있듯이 작은 것에 더 신경이 쓰였습니다. 그래서 조건을 걸었습니다.

"그 물건, 내가 어렵게 부탁해서 받아온 거야. 그러니까 최대한 빨리 해결하고, 받아온 분에게 인사해라."

"네, 알겠습니다. 흐흐…."

뭐가 그리 좋은지, 그 쪼매나고 민망한 물건을 낙찰 받았다는 사실에 동생은 희희낙락이었습니다. 워낙 작은 물건이어서 먹을 것도 없어 보였지만, 협상의 묘를 잘 찾는다면 좋은 마무리도 가능할 것도 같긴 했습니다.

'민망한 물건 하나 받아놓고 웃기는….'

그 쪼매나고 민망한 물건은 3평 정도의 대지였지만, 그 대지는 훌륭한 저택의 한 구석을 당당히 지탱하는 중심축을 이루고 있었습니다. 고로 이것은 소유주가 꼭 되사야 하는 물건이었습니다. 비록 덩치는 작지만 소유주 입장에서는 이 땅이 없으면 앞으로 엄청나게 불행한 상황이 닥칠 수밖에 없었습니다. 일종의 '알박기(개발 예정지의 땅 일부를 먼저 사들인 뒤 사업자에게 고가로 되파는 부동산 투기 수법)' 형태로도 볼 수 있었습니다. 하지만 저는 그런 유형을 별로 좋아하지 않아서 그리 탐탁지는 않았습니다.

하지만 그 쪼매나고 민망한 물건을 손에 쥔 동생은 마치 관우의 청룡언월도를 휘두르듯 무지막지한 악력으로 상대를 몰았습니다. 평소 같으면 그렇게 몰아치지 말라고 잔소리를 했을 텐데 그 땅의 원 소유주는 그 땅에 설정된 은행 채무를 떨궈버리고, 동시에 가격이 최대한 떨어졌을 때 싸게 그 땅을 낙찰 받으려는 욕심을 가졌던 사람이어서 별로 불쌍하지도 않았습니다.

이후 약 한 달 반 정도 시간이 흘렀을 때 동생이 갑자기 봉투 하나를 내밀었습니다.

"이게 뭐냐?"

"그냥 형님 쓰세요."

"뭐냐고?"

"지난번 그 쪼매나고 민망한 물건…, 팔았어요."

"응? 벌써?"

'네, 안 팔겠다고 자식한테 물려주겠다고 하는데도 굳이 사정사정하면서 팔아달라고 해서요."

"그래? 에구, 아까운 거. 그걸 그렇게 빨리 팔아버렸어? 얼마 받았냐?"

"에이, 얼마 못 받았어요. 너무 조금 받아서 말씀드리기가 좀 그래요."

그놈은 끝끝내 저한테까지 얼마 받았는지 말을 안 했습니다. 그 금액은 지금도 궁금합니다. 저한테 쓰라고 준 돈이 그놈 수익의 몇

%였는지 몰라도 봉투는 꽤 두툼했습니다. 푸허허허…, 기특한 친구입니다. 빗맞아도 힘만 세면 안타도 될 수 있고, 잘 맞아도 상대가 준비하고 있는 곳으로 날아가면 아웃이 될 수밖에 없다는 것을 다시 한 번 느꼈습니다. 좋은 물건을 낙찰 받았다고 기뻐할 필요도 없고, 안 좋은 물건을 잘못 받았다고 한탄할 필요도 없습니다. 모든 일은 낙찰 이후 시작되고, 자신이 끝났다고 말할 때까지는 끝난 것이 아닙니다.

말을 건네면
몸이 따른다

"말을 건네면 몸이 따른다."

이 말은 원래 좋은 의미로 쓰이는 말입니다. 대충 해석하자면 '싫은 사람이나 별로인 사람한테도 자꾸 좋은 말을 건네면 몸도 거기에 따라 반응하고 결국 그 사람이 좋아진다'는 뜻인 것 같습니다.

저는 직장생활을 하면서 먼저 고개를 숙이고 들어가는 경우가 그다지 많지 않았습니다. 제가 먼저 고개를 숙였던 때는 전후를 따져서 완전히 잘못한 경우거나 상대에게 뭔가 긴요한 부탁을 할 때뿐이었습니다. 제가 상대보다 확실히 우월한 지위에 있을 때에는 목적을 달성하기 위해 그 지위를 최대한 이용하는 것이 효과적이라는 것을 경험으로 배웠습니다.

부동산경매를 하면서도 그런 제 방법과 태도는 달라지지 않았습니다. 그리고 그건 대체로 꽤 효과적이었습니다. 적어도 제가 상대보다 유리한 고지에 있을 때에는 확실히 그랬습니다.

반대로 그건 제가 잘못 낙찰 받아서 불리한 위치에 있을 때 상대에게도 아주 좋은 방법이었고, 간혹 제가 그런 상황에 놓여 있을 때 그걸 상대가 눈치를 채면 저는 상대와의 싸움에서 패배를 당하며 손해를 보는 경우도 있었습니다.

약자의 경험은 저를 더욱 단련시켰습니다. 그러나 그런 경험이 자주 반복되면 결국 경매의 매력이 떨어지게 되고, 나중에는 그만두게 될 확률만 커집니다. 부동산경매를 시작하는 대부분의 사람들이 그럴 것입니다. 부동산경매를 하는 기간과 횟수가 늘어나면서 잘못된 판단으로 인해 제가 약자가 될 확률은 점점 줄어들었지만, 약자의 경험을 했던 횟수 자체는 늘어날 수밖에 없었습니다.

솔직히 제가 완벽한 사람도 아니기에 매번 완벽한 투자를 할 수는 없는 노릇입니다. 다만 잘못된 판단으로 약자의 위치에 서게 되더라도 손해를 최소화하거나 그 상황으로 인한 스트레스를 적게 받을 수 있는 방법이 있다면 그것을 익혀 노하우로 삼아야겠다는 생각이 들었습니다.

부동산경매를 오래하신 분들을 보면 대부분 선한 모습을 가지고 계시지만, 그 속에서 강렬한 눈빛을 엿볼 수 있습니다. 부동산경매와 관련된 주변인들을 많이 만나고, 이런저런 일들을 많이 경험하며 자연스레 가지게 된 눈이라고 생각합니다. 자기 자신은 느끼지 못하지만 주변 사람들이 볼 때 그분들은 눈빛 하나만으로 능히 사람들을 제압할 수 있습니다. 경매 법정에 가면 이런 눈빛을 가진 분들을 부지기수로 볼 수 있습니다. 보기만 해도 주눅 들고, 뭔가 강한 포스가 발끝에서부터 느껴지는 그런 분위기 말입니다.

처음에 멋모르고 부동산경매를 시작했을 때 저는 언제 저 사람들처럼 저렇게 멋지게 보일까 하는 생각을 많이 했었습니다. 그때는 그런 모습들이 참 멋있게 보였습니다. 태생적으로 저는 귀하게 자라서 그런 거친 눈빛이 안 어울리는 사람이기도 합니다.

협상을 하려면 말을 해야 한다

부동산경매에는 '법정지상권'이라는 물건이 있습니다. 토지 위에 건물이 있는데, 어떤 사정에 의해 건물은 매각에서 제외되고 토지만 경매에 나온 물건입니다. 여기서 중요한 것은 법정지상권이 성립되는지 여부인데, 성립이 되지 않으면 건물 주인은 토지를 낙찰 받아 새로 소유주가 된 사람에게 대항하지 못하고 건물을 철거해야 합니다. 또 철거할 때까지 땅 사용료, 즉 지료도 내야 하는 불리한 조건을 갖게 됩니다. 물론 법정지상권이 성립되면 건물을 철거하지 않아도 되지만 그렇더라도 지료는 내야 합니다. 그러므로 이래저래 법정지상권 관련 물건은 많은 약점을 떠안게 됩니다.

지료는 상호 합의가 되면 그 금액으로 결정되지만, 합의가 되

지 않아 소송으로 이어지면 법원에서는 통상 감정가를 기준으로 연 3~4% 사이로 지료를 결정하게 됩니다. 이는 연간 물가상승률과 비슷한 수준이어서 지료 그 자체를 목적으로 법정지상권 물건에 투자하는 것은 그다지 매력적이지 않습니다.

반면 이 물건은 비교적 적은 돈인 천만 원 밑으로도 할 수 있고, 좋은 물건을 고르면 낙찰 받은 후 단기에 매매할 수도 있어 부동산경매 투자에서 틈새 재테크로도 활용할 수 있습니다. 이 같은 장점을 보고, 특수물건이라고 일컬어지는 법정지상권을 전문으로 하는 사람들도 다수 있습니다. 아직 많은 수는 아니지만 이런 유형의 투자도 잘만 하면 좋은 재테크가 될 수 있는 것입니다.

언젠가 충청도에 있는 법정지상권 물건에 입찰을 한 적이 있습니다. 이 물건은 제가 찾았다기보다 물건이 워낙 좋아서 법정지상권을 전문으로 하는 사람들은 대부분 해당 물건을 알고 있었다고 여겨집니다.

문제는 너무 많은 사람들이 해당 물건을 알고 있어서 과열 조짐까지 보인다는 것이었습니다. 과열된다는 것은 낙찰가가 올라간다는 뜻이고, 낙찰가가 올라간다는 것은 나중에 매각했을 때 상대적으로 먹을 게 별로 없다는 이야기와 일맥상통합니다.

입찰 당일 아침, 이 물건에 입찰하기로 하고 충청도로 내려갔습니다. 그리고 은행에서 돈을 찾으면서 깊은 생각에 잠겼습니다. 이 물건은 분명 여러 사람이 입찰할 게 뻔했습니다. 그러므로 웬만한 입찰금액으로는 낙찰 받지 못할 확률이 높았기에 도대체 얼마를 써야 할지 고민스러웠습니다. 돈을 찾고 법원으로 돌아와서도 저는 한참을 고민했습니다. 그리고 유찰되어서 최저가가 2천만 원 정도인 물건을 400만 원 더 높여 입찰표를 제출했습니다. 더 높게 쓰고 싶은 생각도 있었지만, 낙찰 받지 못하는 한이 있더라도 너무 욕심 부리지 말자고 결론을 지었습니다.

개찰 결과 다행히 제가 세 사람을 제치고 낙찰 받았습니다. 낙찰 받은 후 인사 겸 해서 건물 주인을 찾아갔더니 예상 외로 강하게 반발했습니다. 법정지상권의 경우 복잡한 권리관계가 얽혀 있어 이해하기가 쉽지 않고, 법리적인 해석이 일반 상식과 다른 경우도 있기 때문에 일반인들이 언뜻 생각할 때에는 불합리할 수도 있습니다. 하지만 이 물건은 절대적으로 낙찰자에게 유리한 경우였습니다.

법정지상권이 성립하지 않는 것이 확실했기에 모든 상황이 건물 주인에게 불리했지만, 그는 선대로부터 계속 살아온 건물임을 주장하며 저를 악의 축으로 규정하고 비난했습니다. 그에게 저는 소위 궁박한 처지에 있는 이들을 압박해 나쁜 방식으로 돈을 벌어들이는 '악'이었습니다. 첫 만남은 그렇게 제가 나쁜 놈으로 규정되며 아무 소득도 없이 끝났습니다.

저는 잔금을 낸 뒤 내용증명을 보냈습니다. 건물을 철거하고 지료를 내라는 내용이었습니다. 그러자 건물 주인은 며칠 후 같은 내용증명을 통해 답변을 보냈습니다. 내용은 뻔했습니다. 조상 대대로 살아온 집이니 철거는 절대 못하고, 지료는 내겠다는 것이었습니다. 그러면서 현재 그 지역에서 땅을 빌릴 때 통상적으로 이루어지는 수준인 일 년에 쌀 두 말 정도를 주겠다고 하는 것이었습니다. 전적으로 그의 주장에 불과했으나 어쨌든 그런 내용을 보고 그리 좋은 기분일 수는 없었습니다.

건물 주인의 연락처는 받아왔으나 내용증명을 받은 그날 이후 아무 연락 없이 건물 철거 및 지료 청구 소송을 준비했습니다. 먼저 소송의 상대를 확정시키고, 상대에게 강한 압박감을 안겨주기 위해 점유이전금지 가처분을 신청했습니다. 별 문제 없이 가처분이 인용되어 집행일이 잡히게 되었고, 저는 증인으로 지인 두 사람을 동행해 아침 일찍 물건지로 향했습니다.

현장에 도착해 차에서 내려 서성이자 건물 주인이 나와서 담배를 피우며 저를 노려봤습니다. 아무 말 없이 잠시 기다리니 집행관 두 명이 도착해 함께 건물 주인에게 가서 간단히 설명을 하고, 점유이전금지 가처분 팻말을 마당에 박았습니다. 가처분 서류는 말뚝에 붙어 있었습니다. 제가 보기에도 좀 안 좋았는데 건물 주인은 더하지 않겠나 싶은 생각이 들었습니다.

집행관은 점유이전금지 가처분의 집행과 그 효력에 대해 다시 한 번 언급한 뒤 주의사항에 대해 추가로 말했습니다. 건물 주인이 집행관에게 받은 서류를 태연한 척 넘겨보는데 슬쩍 얼굴을 보니 하얗게 질려 있었습니다.

할 일을 마친 집행관은 금세 가버리고, 현장에는 정적만 남았습니다. 제 눈에 건물 주인은 이제 완연히 약자의 모습으로 바뀌어 있었습니다. 좀 처연하게 보이기도 했습니다. 말뚝에 붙인 서류 하나를 받았을 뿐인데 이제 건물 주인의 얼굴이 착해 보이기까지 했습니다.

"사장님, 기분 별로 안 좋으시죠?"

"글쎄, 이게 무슨 일인지…. 조상 대대로 살아온 곳인데."

건물 주인은 완전히 힘을 잃고 있었습니다. 그 모호한 순간에 저는 다시 한 번 우리의 상황에 대해 정리를 해줘야 했습니다.

"결과적으로 법률상 사장님은 지금 가장 안 좋은 상황에 있습니다."

"…."

건물 주인과 저는 처음으로 서로 주고받는 대화를 하고 있었습니다.

"제가 요구하는 것들이 타당하지 않다고 생각되시면 협의를 하고 양보해달라고 하셔야죠. 저 사장님이 생각하는 것처럼 그렇게 막돼먹은 사람 아닙니다."

"…."

"지금부터라도 잘 협의하면 서로 만족스러운 타협점을 찾을 수 있을 겁니다."

뒤늦은 협력도
괜찮다

저는 일정 수익이 목표이고, 건물 주인은 자기 건물과 땅을 온전히 되찾는 것이 목표였습니다. 그 목표를 이루려면 서로 협의를 하고, 양보를 해야 했습니다. 잠깐의 고민이 이어지고 저는 제가 요구했던 것들 중 상당 부분을 양보했습니다. 그리고 이에 대해 건물 주인도 만족해 했습니다. 또 미등기로 되어 있던 건물의 해법에 대해 조언해주고, 토지주인으로서 협조할 수 있는 부분에 대해 협조하기로 했습니다.

그런데 약속한 기일이 지나도 좀체 계약하자는 말이 들리지 않았습니다. 전화를 걸어 알아보니 건물 주인은 건물과 땅을 합쳐 대출을 받기로 했는데 대출금이 생각만큼 나오질 않아 고민하고 있다고 했습니다. 어이가 없었습니다. 혼자서 끌어안고 고민을 한다고 해결될 일이 아니었습니다. 그런 일이 있다면 재빨리 저에게 언질을 줘야 다른 대안이나 방법을 찾을 수 있지 않겠나 싶었습니다.

수그리고 있던 화가 속에서 올라왔습니다. 하지만 화를 낸다고 달라지는 것은 없었기에 일단 꾹 참고 직접 대출을 알아봤습니다. 역시 건물 주인이 이야기했던 것처럼 만족스러운 대출은 불가능했습니다. 진퇴양난이었습니다. 해결하기로 합의는 봤는데 돈이 없어 계약을 마무리할 수 없는 때가 제일 골치가 아픈 상황이기도 합니다.

　아무리 생각을 짜내봐도 건물 주인은 사업을 하다 망한 터라 여기저기 빚만 잔뜩 지고 있을 뿐 가진 돈이 전무했습니다. 적어도 제가 아는 사실로는 그랬습니다. 이 일을 가지고 저는 몇 날 며칠을 고민했습니다. 그러다 한 가지 생각이 떠올랐으나 주변에서는 안 좋은 방법이라며 절대 그렇게 하지 말라고 만류했습니다. 그렇지만 아무리 달리 생각해봐도 별다른 생각이 떠오르지 않았습니다. 저는 다시 한 번 마음속으로 생각을 다잡았습니다.

　'말을 건네면 몸이 따른다.'

　먼저 도움을 건네면 그 복이 내게로 돌아온다는 사실을 믿어보기로 했습니다. 여전히 주변에서는 위험한 생각이라며 만류했지만, 저는 저를 믿어보기로 했습니다. 아니, 건물 주인에게 속아보기로 했던 것인지도 모릅니다.

　그렇게 며칠간의 고민이 끝나고 저는 현지에 내려가 건물 주인과 마주 앉았습니다. 그는 건축 사업을 하다 부도를 맞은 전직 건축업자였습니다.

　"사장님, 제가 서울에 구옥을 가지고 있는데 그걸 리모델링 해주세요. 계약하며 모자란 돈은 건축비로 대신해드릴게요."

　그렇게 현재 상황을 타개할 대안을 말하자 묵묵히 제 이야기를 듣고 있던 그 사장님과 사모님은 무척이나 고마워했습니다. 그분들 입장에서는 그다지 손해 볼 일이 없고, 오히려 공사를 해주고 조금이지만 돈을 벌 수 있고 집도 되찾을 수 있는 기회였으니 어찌

보면 당연히 환영할 수밖에 없었습니다. 반대로 제 입장에서는 굉장한 모험이었습니다.

저는 건축을 모르니 손해를 볼 수밖에 없는 게임이었습니다. 건물 주인 입장에서는 건축비를 최대한 부풀릴 기회가 찾아온 것일 수도 있었습니다. 정말 위험한 생각이었습니다. 그렇게 불리할 수밖에 없는 협의를 하고 공사계약서를 만들어 도장을 찍었습니다. 그리고 열흘 후 구옥 리모델링이 시작되었습니다.

길고 험난한 여정이었습니다. 약 45일간의 리모델링이 끝나자 표면적으로 모든 일은 마무리되었습니다. 새로 리모델링을 해서 그런지 구옥임에도 다행히 좋은 가격에 임대가 금방 이루어졌습니다. 리모델링을 하는 기간 동안 여러 일들이 있었지만, 그 건물 주인과 저와의 신뢰 관계는 깨지지 않았습니다. 그 공사를 통해 그가 저에게 어느 정도의 수익을 가져갔는지는 아직도 알지 못합니다. 그리고 굳이 알고 싶지도 않습니다.

제가 벌인 그 일련의 과정을 지켜보며 누구는 운이 좋았다고도 하고, 또 새로운 네트워크를 만들었다며 부러워하기도 했습니다. 저도 그렇게 생각합니다. 운이 좋기도 했고, 새로운 네트워크를 만들기도 했습니다. 제가 했던 방법이 위험할 수도 있었기에 비록 마무리는 잘되었지만 이런 방식을 다른 이들에게는 결코 추천하고 싶지는 않습니다.

새로움 그리고 위험을 감수하지 않으면 앞으로 전진하는 게 더 딜 수밖에 없지 않은가 싶습니다. 전진하려면 그만큼의 고통도 따릅니다. 그걸 견딜 수 있느냐, 감당할 수 있느냐는 당연히 따르는 고민거리입니다. 또 그 당연함을 어떻게 극복하느냐는 또 다른 고민거리이기도 합니다.

추측과
사실의 차이

부동산경매란 사실 실수를 줄이는 게임입니다. 물건을 보는 눈은 조금만 노력하면 누구나 다 갖출 수 있고, 몇 번 경험하다 보면 협상력이란 것도 어느 정도는 보완할 수 있습니다. 하지만 실수란 아무리 적어도 문제가 되는 법이고, 실수로부터 모든 두통거리가 만들어집니다.

따라서 부동산경매는 물건을 선정하는 일부터 마무리하기까지 모든 신경을 곤두세워 실수하지 않도록 노력해야 합니다. 실수가 곧 손익과 직결되는 문제이므로 항상 조심해야 하는 것입니다.

한번은 지방에 40평 조금 안 되는 땅이 부동산경매로 나온 적이 있습니다. 그 위에는 낡은 다가구주택이 있었는데, 미등기 건물이라 경매에서는 제외되었습니다. 건물이 낡긴 했지만 33%까지 유찰될 만한 물건은 아니라고 보았습니다. 일단 물건을 찾아 즉시

현장을 조사했습니다. 임장을 간 날에 마침 비가 너무 많이 왔습니다. 우산을 하나 받쳐들고 근처에 차를 대려는데 억수같이 쏟아지는 비 때문에 물건 바로 옆에 흐르는 개울이 무섭게 넘실대고 있었습니다. 비가 하루만 더 내리면 집이 침수될 것만 같았습니다. 정말 무서웠습니다.

물건지 앞에 가보니 너무나 조용했습니다. 슬쩍 문을 열고 들어가 보니 마당이 꽤 커 보였습니다.

'크다…'

명세서에는 땅이 40여 평밖에 안 되는 것으로 나와 있었는데 대충 봐도 전체 면적이 70평 이상은 되어 보였습니다. 주인이 살지 않는다고 정보지에 나와 있어 임차인을 한두 명 만나볼까 싶어 문을 두드렸으나 아무도 없었습니다.

법원 조사내용으로는 현재 임차인은 다섯 가구이고, 그중 두 가구는 대항력을 가지고 있으나 확정과 배당 신청까지 해서 큰 문제는 없어 보였습니다. 밖으로 나와 서성이는데 앞집에서 아주머니 한 분이 나오셨습니다. 그래서 물어보니 그 아주머니는 소유주를 알기는 하지만 요 근래에는 본 적이 없고 세입자만 산다고 답했습니다. 그러면서 벌써 여러 명이 와서 물어봤다며 부동산경매에 나온 것도 아신다고 했습니다.

그 집에는 동네에서 꽤 무시무시하기로 소문난 세입자가 하나 산다는 것도 말해주었습니다. 아주머니가 고개를 절레절레 흔들며 말하는 것으로 봐서는 거의 깡패 수준인 듯했습니다. 하지만 그게 끝이었습니다. 더 알아보려 했지만 망할 놈의 비가 너무 많이 와서 물어볼 사람이 없었습니다. 일단 그날은 그렇게 현장을 마무리했습니다.

대책 없는
긍정에 대한 후회

서울로 올라온 저는 혼자 스토리를 만들어봤습니다. 그동안 여러 사람이 물건을 확인하고 갔는데도 임자를 찾지 못한 것은 물건 자체의 부실함 때문일 가능성이 높았습니다. 시장통 옆이라 지저분한 주변 환경, 그리고 옆에서 흐르는 저 무시무시한 개울의 위험성이 결정적이라고 여겨졌습니다. 여름철에는 냄새도 심하게 난다고 들었습니다. 여기에 깡패 수준의 세입자도 한몫하고 있을 거라고 추정했습니다. 가장 문제가 되는 것은 건물이 많이 낡았다는 점과 무허가라는 점이었습니다.

저는 생각을 한번 바꿔 긍정적인 면을 찾아보기로 했습니다. 건물이 무허가이고 낡기는 했지만 토지에 설정되어 있는 빚이 3억 이상이어서 소유주로서는 더 이상 경매에 나오지 않은 건물에 대한 소유를 주장하기 어려울 것 같았습니다. 그렇다면 만약 토지를 바로 되팔기 어려운 상황이 될 경우에는 비용을 조금 지불하고 건물을 소유주로부터 양도받는 쪽으로 추진해보기로 했습니다. 어차피 건물은 등기가 없기에 건물 소유권을 완전히 주장하기는 어렵지만, 그래도 건물을 가져와 기존 세입자들에게 월세를 조금씩 받아도 나쁘지 않겠다는 생각을 한 것이었습니다.

당시의 저에게는 안 좋은 점을 긍정적으로 바꿔 보는 버릇이 있었습니다. 물론 지금은 이런 망할 놈의 버릇을 깨끗이 버렸습니다. 감당 안 되는 긍정적인 생각은 투자에 그다지 도움이 되지 못하기 때문입니다.

그때 생각으로는 모든 비용을 감안하더라도 1억에 훨씬 못 미치는 비용을 투자해 월세를 받을 수 있는 물건을 챙기고, 여기에 대출까지 활용하면 제 돈을 하나도 들이지 않고 괜찮은 투자를 할 수 있을 거라고 판단했습니다. 그래서 낙찰을 받았습니다. 입찰하러 가서 지금 기억으로는 한 최저가에서 200만 원쯤 더 썼던 것 같습니다. 기분이 묘한 게 33% 상태에서 들어갔는데도 단독 입찰이었습니다. 단독 입찰의 느낌은 정말 묘합니다.

항상 그렇듯이 낙찰 영수증을 챙기고 물건지로 향했습니다. 현장은 여전히 조용했습니다. 마침 임장 왔을 때 만났던 아주머니를 다시 만났습니다. 아주머니에게 인사를 하고 제가 낙찰을 받게 되었다고 말씀드리니 그분이 저를 불쌍하게 쳐다봤습니다. 또 한 번 기분이 묘해졌습니다. 왜 그렇게 보시는지 그때는 몰랐습니다.

집 안으로 들어가니 그날은 한 집에 사람이 있었습니다. 낙찰 받은 사람이라 하니 그분은 반가이 맞아주셨습니다. 방에 들어가 앉으니 부탁하지도 않은 커피를 내오시며 말을 건넸습니다.

"총각, 여기 소유주 어디 살고 있어?"

"네? 저도 잘 모르는데요. 어르신이 모르세요?"

"응, 연락 끊긴 지가 3년쯤 됐어. 우리가 그전부터 나가려고 보증금 돌려달라고 했는데 차일피일 미루더니 연락이 끊어졌어. 우린 빨리 이사 가야 하는데 연락이 안 돼서 어쩔 수 없이 계속 있다 보니 그렇게 됐네."

이거 낭패였습니다. 세입자들이 소유주와 연락이 끊긴 지 오래라니, 정신이 아득해졌습니다.

"여기, 다른 방에는 어떤 분들이 사세요?"

"응, 저쪽은 90 먹은 할배 하나 사는데 오늘내일 해. 딸이 하나 서울에 사는데 가끔 내려와. 죽을 때가 됐는데 모셔가지도 않고, 여기서 그냥 돌아가시게 하려나 봐. 못된 년이야."

한숨이 나오기 시작했습니다. 저쪽은 누가 살고, 아래쪽은 누가 살고, 어르신이 말씀해주시는 족족 다 생활보호 대상자였습니다. 이건 아니다 싶어 대충 마무리하고 나오는데 맞은편 방에서 세입자가 나왔습니다. 날카롭게 쳐다보는 눈빛을 피하며 인사를 하고 물었습니다.

"저기, 이 집 낙찰 받은 사람인데요, 혹시 여기 소유주 연락처 아세요?"

"…."

"여기 보증금 문제나 나머지 문제 좀 상의해서 처리하려고 그래요."

그랬더니 바로 방에 들어가 소유주 연락처를 적어와 건네주었습니다. 참 희한했습니다. 여기 세입자들은 서로 대화를 안 하는 건지, 제가 이상한 건지 알 수 없었습니다. 그 양반을 다시 보니 손 하나가 짧고 가늘었습니다. 물어보니 전직 재단사였는데 오토바이를 타다가 깔려서 석 달 동안 입원했었고, 그 이후로 그 팔은 그냥 자기 혼자 맘대로 논다고 했습니다. 팔 한쪽이 불편하면 걸음걸이도 불편해지는 건지 걸음걸이도 시원찮게 보였습니다. 그 모습이 안쓰러웠습니다.

그 아저씨는 구세주라도 만난 듯 계속 말을 걸었습니다. 하지만 제 입장에서 별로 얻을 게 없는 상황이어서 겨우겨우 아저씨를 진정시키고 집을 빠져나왔습니다. 밖으로 나와 소유주에게 전화를 걸어 낙찰자인데 인사나 드리겠다고, 만나자고 했습니다. 직접 만나 보니 인상이 좋았습니다. 대충 상황 설명을 하고 제가 짠 스토리를 섞어 이야기를 건넸습니다. 그분은 이야기하는 내내 공손히 제 말을 경청해주셨습니다.

그날 따라 말이 좀 잘됐습니다. 역시 이야기는 상대방이 잘 들어줘야 잘되나 싶기도 했습니다. 제 말을 끝까지 다 들으신 그분은 아들들과 의논하여 결정하겠다고 하셨습니다. 큰소리 나지 않고 잘 협의가 되는 듯하여 그날 일정을 가벼이 마무리하고 올라왔습니다.

하지만 아들과 의논해 바로 연락을 준다던 소유주가 일주일이 넘도록 무소식이었습니다. 전화를 했더니 갑자기 악다구니를 쓰며 다시는 전화하지 말라고 했습니다. 그러면서 자기는 권한이 없으니 아들에게 전화하라는 것이었습니다. 그래서 아들에게 전화를 했습니다. 전화를 받은 아들은 낙찰자라는 말을 듣자마자 역시 악다구니를 썼습니다. "××새끼" 하면서 전화하지 말라고 했습니다. 이상한 생각에 물건명세를 다시 살펴봐도 별 다를 게 없었습니다. 그때 머릿속에 요상한 생각이 스쳤습니다.

부랴부랴 저는 물건 소재지 시청 건축과에 전화를 했습니다. 큰 일이 났습니다. 혼자 추측으로 만든 스토리에 된통 당하게 생길 지경이었습니다. 저는 경매로 땅을 낙찰 받고 되팔 목적이었고, 그게 어려우면 무허가건물은 소유주와 협의해 넘겨받으려 했는데, 제가 받은 땅 위의 건물이 무허가로 시 소유 하천부지를 무단점유하고 있어 매년 두 번씩 원상복구 명령서와 벌금을 고지하고 있으며 강제 철거 대상이라고 했습니다.

추측만으로
투자하지 마라

스토리가 너무나 부실했고, 게다가 혼자 상상으로 만들어서 엉망진창이었습니다. 머릿속이 복잡해졌습니다. 산 너머 산이었습니다. 이미 낙찰허가가 떨어져서 어떻게 할 수도 없는 상황이었습니다.

그래도 뭔가 해봐야겠기에 낙찰허가결정 취소 신청을 내기로 하고, 서류를 만들어 그날 바로 발송했습니다. 그랬더니 빠르기도 하지, 바로 다음 날 경매계에서 전화가 걸려왔습니다. 이건 낙찰자가 책임져야 할 문제라 취소가 안 되는 건이라고 놀리듯이 말했습니다. 부아가 치밀었습니다. 다시 취소 신청을 내며 명세서상의 결함을 지적했지만, 역시나 그것도 취소 안 되는 건이라고 했습니다.

이런 물건에 잔금을 낼 수는 없기에 처음으로 보증금을 날리게 생길 판이었습니다. 분하기도 하고 쪽 팔리기도 하고 어찌할 바를 몰랐습니다. 아무튼 화만 났습니다. 그 외에도 이 물건에 얽힌 다양한 속 이야기가 있지만, 어쨌든 결론은 잔금을 미납하고 보증금을 날렸습니다. 그렇게 그 물건은 잊혀져 갔습니다.

대충 두 달 정도가 지나 쓰린 속이 어느 정도 회복되어갈 즈음 충청도 지역번호로 전화가 왔습니다. 받아보니 목소리도 익숙한 충청도 그 물건의 법원 경매계장이었습니다.

"○○○씨죠? 이 물건 집행 정지돼서 보증금 돌려드리려고 하는데 보증금 반환 신청서랑 계좌 사본 하나 보내주세요."

"무슨 말씀이세요?"

"네, 이거 절차가 잘못된 게 있어서 처음부터 다시 진행하려고 그래요."

"네, 알겠습니다."

마침 근처에 일도 있던 차에 직접 법원 경매계에 방문해 서류를 접수하고는 살짝 물었습니다.

"왜 취소가 됐나요? 그렇게 취소 신청을 해도 안 되더니…."

경매계장은 주위를 둘러보더니 속삭이듯 말했습니다.

"이거 앞의 가등기 하나가 말소된 건데 그걸 모르고 살아 있는 걸로 계속 공지를 해서 절차에 이상이 있다고 처음부터 다시 진행하라고 지시가 내려와서요."

이런, 그렇게도 간절히 허가결정 취소 신청을 하려고 할 때에는 택도 없다고 하더니 어이없는 문제 하나가 제 보증금을 다시 살려냈습니다. 처음부터 잘못된 추측으로 고생 아닌 고생을 했더니 하늘에서 불쌍히 여겨 보증금만은 돌려주셨던 건지 야릇한 느낌이었습니다.

보증금을 반환 받고 보니 무려 두 달이나 묵혀 있던 터라 이자까지 짭짤하게 붙어 있었습니다. 엎어진 김에 쉬어간다더니 법원에 맡겨둔 김에 이자까지 받아서 다시 기분이 째지게 좋았습니다. 마치 공돈이 생긴 기분이었습니다.

돈을 받아 챙겨 나오면서 앞으로 절대 섣부른 추측의 스토리는 쓰지 말자고 다짐했습니다. 추측이 맞으면 짜릿하지만, 추측이란 건 언제고 항상 사실에 의해 깨지게 되어 있으니 말입니다. 똥을 꼭 찍어 먹어봐야 똥인지 알 수 있는 것은 아닙니다. 냄새만으로도 먹지 못할 것임을 알 수 있습니다. 먹으면 배탈나고 욕지기가 나오는 건 제 몫이고, 결국 모든 더러운 상황은 혼자 감당해야 합니다.

먹을 수 있는 상황에서 먹어라

몇 년 전 평소 알고 지내던 후배에게서 경매물건 하나를 봐달라는 부탁을 받았습니다. 후배가 보여준 물건을 보니 지방 대도시의 아파트 밀집지역 내에 있는 2층 근린상가였습니다. 그 후배는 저에게 단기투자를 배우고 싶다고 해서 인연을 맺게 되었는데, 몇 번 해보더니 만만치 않다고 느꼈는지 상가 쪽에 관심을 갖고 있었습니다.

솔직히 제가 상가를 잘 아는 편이 아니라서 할 수 있는 말은 신중히 판단하라는 것뿐이었습니다. 그렇게 간단히 통화를 마치고 그 상가에 대해 거의 잊었을 즈음 후배가 사무실을 방문했습니다. 그리고 잊고 있던 상가 이야기를 다시 시작했습니다.

후배의 이야기를 한참 듣다 보니 결론은 이미 정해져 있는 것 같았습니다. 이미 입찰을 하기로 결정했지만 스스로 자기 결정에 확신이 없으니 여기저기 찾아다니며 자기가 좋은 물건을 골랐다는 것을 확인받고 싶어 하는 듯했습니다. 후배는, 말로는 괜찮은 물건인지 제대로 된 조언을 듣고 싶다고 했지만 제가 하는 말에는 관심이 없었습니다. 자꾸 제가 하는 말을 끊으며 자신의 말을 이었습니다. 더 이상의 대화는 의미가 없었습니다. 일방적인 후배의 말을 듣고 객관적인 판단도 없이 오로지 후배의 결정을 지지해주어야 했습니다.

저는 귀찮은 마음에 상가도 나쁘지 않은 것 같다고 한마디 던졌습니다. 그제야 후배의 얼굴에 화색이 돌았습니다. 역시나 심정적인 동의를 구하러 온 것이지 투자에 관한 조언을 들으러 온 것은 아니었습니다. 제 마음 한 구석에는 설마 그 상가에 입찰할까 싶은 회의적인 생각도 있었습니다. 3억이 넘는 상가였고, 그 후배는 부동산경매를 시작한 지 6개월도 채 되지 않은 상태여서 낙찰 경험도 불과 한두 번밖에 갖고 있지 않았습니다. 그런 상황에서 대도시지만, 멀리 떨어져 있는 지방에 그것도 1층도 아닌 2층 상가에 입찰한다는 것은 누가 봐도 말이 되지 않는 상황이었습니다. 그런데 그런 말도 되지 않는 상황이 벌어지고 말았습니다.

어느 날 저녁 사무실에서 퇴근을 하려는데 후배에게서 전화가 걸려왔습니다. 그러더니 그 상가에 입찰하기 위해 지방에 내려와 있다는 것이었습니다. 하루 전에 일찌감치 내려와서 상가 주변을 돌아보고, 해당 상가에 손님이 얼마나 드나드는지 하루 종일 확인해봤다고 했습니다. 그러면서 들뜬 목소리로 장사가 참 잘된다고,

낙찰 받으면 현 세입자가 재계약을 할 것이 분명하다고 주장했습니다.

그제야 후배가 염려되기 시작한 저는 이런저런 잔소리를 했습니다. 하지만 이미 결심을 굳히고 내려가 있는 후배에게 제 말이 먹힐 리 없었습니다. 후배의 굳은 결심을 확인한 저는 그저 최대한 조심할 것을 당부하며 전화를 끊어야 했습니다.

다음 날 오후 경매정보지를 확인하니 후배가 낙찰을 받았다고 나왔습니다. 그리고 그날 늦은 오후에 후배가 전화를 해서 상기된 목소리로 낙찰을 받았다고 말했습니다. 그러면서 방금 상가에 다녀왔는데 세입자가 생각해보겠다고 말하고 별다른 이야기는 하지 않았다고 했습니다. 후배는 하루 더 거기서 있다가 다음 날 올라오겠다고 말했고, 저는 고생했다고 격려해주었습니다.

급하다고 바늘 허리에 실 매어 쓰랴

후배의 용기가 부러웠습니다. 저라면 그렇게 하지 못했을 텐데 정말 후배의 과감성 하나만큼은 본받을 만했습니다. 하지만 여전히 제 마음은 불안했습니다. 결코 후배가 잘 안 되기를 바라는 마음은 없었습니다. 오히려 제발 잘되기를 바랐습니다. 그리고 잘되어야 했습니다. 그러면 배는 아프겠지만 유쾌하게 농담도 할 수 있고, 후배에게 한턱 쏘라는 소리도 할 수 있을 것이기 때문이었습니다. 그런데 후배가 상가를 낙찰 받고 한 달쯤 지났을 때 세입자가 나가기로 했다는 소식이 들렸습니다.

후배는 당황했지만 이번 기회에 제대로 된 대기업 프랜차이즈를 입점시켜보겠다고 다시 의욕을 불태웠습니다. 그리고 틈만 나면 여기저기 프랜차이즈 업체에 전화를 돌려 좋은 임대자리가 있다고 소개를 했습니다. 하지만 상가는 기존 세입자가 나간 뒤 대출이자와 관리비만 삼키며 6개월 가까이 텅 비어 있었습니다. 후배의 어깨가 시간이 지날수록 조금씩 내려가는 게 보였습니다. 하지만 후배의 기는 결코 죽지 않았습니다. 그런 그의 모습이 대견해 보이기도 하면서 한편으로는 왜 사서 고생을 하나 싶은 생각도 들었습니다.

부동산경매를 시작한 뒤로 별다른 실적이 없어 고민하다가 상가를 낙찰 받아서 근사한 건물주가 되고 싶었던 마음은 이해합니다. 하지만 생각이 너무 한쪽으로만 쏠린 탓에 다양한 관점으로 투자물건을 바라보지 못하는 점이 아쉬웠습니다. 조금만 더 넓게 바라보고, 조금만 더 신중하게 결정을 했으면 좋았을 것을, 성급한 마음에 그렇게 하지 못한 후배는 점점 말이 줄어들고 있었습니다.

"급할수록 돌아가라"는 말은 누구나 다 알지만 정작 자신이 그런 상황에 놓이게 되면 당황한 나머지 신중하게 접근하지 못할 수도 있습니다. 시간이 지난 뒤에 신중하지 못했던 자신을 원망하고 좀 더 강력하게 자신을 말리지 않은 주변을 탓해보기도 하지만, 결국 모든 손해와 책임은 고스란히 자기 자신에게 돌아오는 법입니다. 그런 후회 뒤에 새로운 기회가 있으면 그나마 다행입니다. 하지만 두 번째 기회가 오지 않는다면 손해를 만회할 기회는 사라지고, 영영 패배자로 남게 될 수도 있습니다. 그러므로 부동산투자에서는 절대로 성급하게 판단하고 결정하고 저지르지 말아야 합니다. 그것이 자신에게 주어진 마지막 기회일 수도 있습니다.

욕심을 버리면
기회는 찾아온다

낙찰 받은 상가에 새로운 세입자가 들어오지 않는 기간이 늘어나자 후배는 점점 의기소침해 지는 듯 보였습니다. 대출이자와 빈 상가의 관리비로 매월 100만 원 가까운 돈이 나갔습니다. 시간이 지나도 임대가 될 기미가 보이지 않자 후배는 임대뿐 아니라 매매로도 내놨습니다. 근처에 좀 더 큰 복합 근린 상가가 준공되어 상대적으로 경쟁력이 떨어지는 상황에서 어쩔 수 없는 선택이었습니다.

후배는 상가에 대한 기대를 접은 듯했습니다. 이제 지긋지긋한지 빨리 처분했으면 하는 생각도 엿보였습니다. 그렇게 한 달쯤 지났을 때 기회가 찾아왔습니다. 상가를 사겠다는 사람이 나타났던 것입니다. 다시 한 번 기회가 생겼지만 문제는 매매가격이었습니다. 상대는 후배가 경매로 상가를 매수했다는 사실을 알고 시세보다 훨씬 더 싼 가격을 불렀습니다.

물론 상대가 제시한 가격으로 팔아도 후배는 몇 천의 이익을 볼 수 있었습니다. 하지만 후배는 자신이 기대했던 금액에 못 미치는 제시 금액에 망설였습니다. 그도 그럴 것이 제가 보기에도 그 가격은 엄청 저렴한 수준이었습니다. 좀 더 가격을 올리려고 해봤으나 상대는 요지부동이었습니다. 그 가격에 팔려면 팔고, 말려면 말라는 식이었습니다. 결국 후배는 가격이 마음에 들지는 않았으나 임대가 생각보다 어렵다는 점, 지방에 있어서 관리하기가 수월하지 않다는 점, 또 지금 거절하면 언제 다시 매매 기회가 올지 기약할 수 없다는 점 등을 이유로 상대가 제시한 가격에 상가를 팔았습니다.

기대했던 수익의 절반도 채 안 될 정도로 불만족스러운 매매가격이었지만 상가를 팔고 난 후배의 표정은 밝았습니다. 몇 개월간 마음고생을 하긴 했어도 매매수익이 그리 적지 않았고, 상가를 낙찰 받으면서 이전에 해보지 못한 다양한 경험을 했기에 홀가분해 보이기도 했습니다.

후배가 마음을 내려놓으니 안고 있던 문제를 던질 기회는 생각보다 빨리 왔습니다. 그리고 심각하게 고민을 하기는 했지만 그 기회를 잡아 더 이상의 불필요한 고생도 하지 않게 되었습니다. 모든 것은 가능성의 문제입니다. 그때 상가를 팔지 않았으면 더 좋은 매도 기회 혹은 임대 기회가 찾아왔을 수도 있습니다. 또 반대로 훨씬 더 오래 고생하고 손해를 봤을 수도 있습니다.

매도를 하기로 결정한 것은 당시 후배의 입장에서는 가장 합리적인 판단이었다고 여겨집니다. 실패하지도 않았고, 오히려 수천만 원의 매매이익도 챙겼습니다. 처음 생각대로 낙찰 받아서 보유하며 월세를 받는 방식으로 투자가 진행된 것은 아니지만, 후배는 자신이 처한 상황에 따른 적정한 판단으로 더 이상의 손해를 막고 나름의 이득도 얻을 수 있었습니다. 그러니 참 감사한 투자였습니다. 그 상가 투자가 후배의 마지막이 아니라 초창기의 투자였기에 더욱 그러했습니다.

순간의 고집이나 잘못된 판단이 앞으로의 투자를 망설이게 하는 걸림돌로 작용했다면 투자를 계속 하기 어려웠을 것입니다. 그렇지만 결정적인 순간에 제대로 된 판단을 했기에 후배의 투자는 계속 이어지게 되었습니다.

미련을 가질수록 당연히 아쉬움이 더 크게 남는 법입니다. 또 욕심을 낸다고 투자를 잘할 수 있는 것도 아닙니다. 아쉽지만 그 아쉬움도 지나고 보면 과거일 뿐입니다. 먹을 수 없는 상황에서 욕심을 부려봤자 좋을 게 없습니다. 먹을 수 있다고 생각하는 것은 자신뿐입니다. 자신이 처한 상황에서 가장 합리적으로 판단해야 앞으로도 계속 투자를 할 수 있고, 결국 성공할 수 있게 됩니다. 욕심을 부리지 않는 한 다음 기회는 항상 옵니다. 그저 한 번 더 소중한 경험을 쌓았음에 감사해야 할 때도 있는 법입니다. 먹을 수 있는 상황에서 제대로 먹으면 되는 것입니다.

상대방의 기를 살려줘라

부동산은 기본적으로 장기투자에 적합한 재테크라는 것이 일반적인 생각입니다. 하지만 요즘처럼 한 치 앞도 내다볼 수 없는 상황에서 투자하고서 묻어놓고만 있기에는 걱정이 되는 것도 사실입니다. 그래서 저는 최대한 제 돈이 묶이는 시간을 줄이는 투자를 지향하고 있습니다. 장기투자를 하기엔 제가 너무 소심하기 때문입니다.

한번은 전라도에 좋아 보이는 토지가 있었는데 낙찰자가 미납을 한 경우가 있었습니다. 마침 아는 사람이 같은 물건에 입찰을 들어갔다가 떨어졌다기에 연락을 해서 물건에 대해 물어봤습니다. 나름 부동산경매를 잘하시는 분이라 조심스레 이것저것 물어봤으나 별다른 특이사항은 들을 수 없었습니다. 그저 위치가 좋고, 해당 지역 자체가 가격이 계속 오르는 추세라 중장기적으로 생각하고 투자를 했다고 했습니다. 그분이 이번에는 입찰에 안 들어갈 것이라는 말을 듣고 저는 투자를 하기로 했습니다.

외형상 좋아 보이는 물건이라 처음 낙찰 당시에 최저가보다 천여 만 원 이상 높게 낙찰됐으나 미납 이후 재경매를 하게 된 탓에 다른 입찰자들도 보수적으로 접근하리라 예상하고 최저가에서 약 600만 원 정도만 올려 썼습니다. 개찰 결과 네 명이 입찰했고, 제가 낙찰을 받았습니다.

항상 그렇듯이 낙찰 받은 후 저는 소유주에게 인사를 하러 갔습니다. 점잖은 40대 후반의 아저씨가 나왔고, 잠시 후 부인인 듯한 분이 차를 내놓고 들어갔습니다. 마음이 따뜻해졌습니다. 마주 보고 앉은 아저씨의 넉넉한 웃음이 저를 편안하게 만들어주고 좋은 느낌을 주었습니다. 하지만 잠시 후 저는 당혹감을 느끼며 말문이 막혔습니다. 잔잔한 웃음까지 띠우며 그분은 잘못 낙찰 받았다고, 이전에 미납한 양반도 자기 말을 듣고 잔금을 안 냈다고 했습니다. 문제가 너무 많아서 제대로 처리할 수 없을 거라고도 했습니다. 은근히 굉장한 압박을 하고 있었습니다. 웃으면서 말하는 게 진짜 무섭다는 것을 그때 처음 느꼈습니다.

기운이 빠진 채 서울로 돌아와 천천히 그분의 말을 복기해봤습니다. 그분은 목소리 하나 높이지 않고 점잖게 말씀하셨고 끝까지 예의 바르게 행동했습니다. 법률적인 부분에서는 제가 알고 있는 내용이 맞았지만 다시 들어도 오히려 그분의 말이 설득력이 있었습니다. 한숨이 나왔습니다.

힘들어도 믿고
기다릴 줄 알아야 한다

여러 날을 고민한 끝에 돈이 부족하긴 했지만, 제가 알고 있는 것이 더 정확할 거라는 확신을 갖고 잔금을 낸 뒤 승부를 걸어보기로 했습니다. 사실 그 외에 다른 방법이 별로 없기도 했습니다. 먼저 잔금을 내고는 제가 낙찰 받은 땅을 상대가 허락도 없이 쓰고 있다는 것을 이유로 부당이득금 반환청구 소장을 접수했습니다. 곧 송달이 되었고 변론 기일이 잡혔으나 소유주에게서는 아무 연락이 없었습니다.

소유주는 법원의 답변서 제출 요구에도 아무 대응을 하지 않아 결국 무변론으로 저의 승소가 확정되었습니다. 판결문에는, 현 불법점유자인 전 소유주는 해당 물건을 소유주에게 반환하고 반환하기 전까지 매월 100만 원의 부당이득금을 지불하라고 나와 있었습니다. 문제 해결을 위한 큰 고비를 넘겼지만 그 사이 4개월이라는 시간이 지났습니다. 낙찰을 받고서 단기에 되팔아야 했는데 시간이 많이 지체되어서 조바심이 커지기 시작했습니다. 그 와중에 여전히 전 소유주가 된 그분의 연락은 없었습니다.

이후 한 달쯤 더 흘렀을 때 알지 못하는 번호로 전화가 왔습니다. 받아보니 그분이었습니다. 그동안 바빠서 연락을 못했다고, 이제야 연락하게 되었다고 했습니다. 넉넉한 웃음과 함께 부드러운 목소리는 여전했습니다. 전 소유주는 간단한 인사 끝에 단도직입적으로 제안을 해왔습니다. 제가 받은 그 물건이 자기에게는 굉장히 소중한 물건이고, 중요한 의미가 있는 곳이니 자기에게 다시 넘겨주었으면 좋겠다고 했습니다.

전혀 연락이 없다가 느닷없이 전화를 받은 저는 너무 반가워 바로 그러겠다고 답하고 싶었습니다. 하지만 그동안 낭비한 시간이 아깝기도 해서, 돌려주기는 하겠지만 시간이 많이 지난 만큼 그에 대한 부분을 좀 생각해줘야 하지 않겠느냐고 되물었습니다. 그러자 그분의 넉넉하던 목소리가 순식간에 변해버렸습니다. 동시에 건물이 있어서 쓰지도 못할 땅을 자기가 안 사면 누가 사겠느냐며 은근히 압박을 했습니다. 대략 10분 이상을 혼자 열 내며 떠들어대던 그분 이야기의 결론은 싸게 달라는 것이었습니다.

어쩌면 경매에 들어간 물건과 연관된 사람들의 스토리는 그리도 비슷한지 모르겠습니다. 그리고 그때마다 저는 마음이 약해집니다. 하도 많이 들어서 이제는 단련이 될 법도 한데, 다음에 또 비슷한 이야기를 들으면 역시나 마음이 좋지 않습니다. 그리고 무엇엔가 홀린 듯 상대가 원하는 대로 양보를 해버립니다.

이번에도 저는 거의 상대가 원하는 대로 많이 양보를 해주었습니다. 그렇게 상대를 만족시키며 협상을 마무리했습니다. 협상이 거의 끝나가면 수익이 많건 적건 시원한 마음이 듭니다. 뭔지 모를 갑갑함이 가슴속에 뭉쳐 있다가 한번에 확 풀리며 내려가는 기분입니다.

그분이 돈을 마련할 시간이 필요하다고 해서 저는 한 달의 기한을 주기로 했습니다. 너무 긴 것 같다는 생각도 잠시 들었지만 이왕 시간이 길어진 김에 이번에도 기다려주기로 했습니다. 모든 협상이 마무리되자 그분은 예의 있고 넉넉한 웃음으로 통화를 마무리했습니다.

전화를 끊으며 그분의 이런 방법도 상대의 양보를 얻어내는 나름 괜찮은 방법일 수 있겠다는 생각이 들었습니다. 그런데 약속한 한 달이 지나도록 그분에게서는 연락이 없었습니다. 전화를 했더니 돈을 아직 마련하지 못했으니 한 달만 더 기다려달라고 했습니다. 이것도 어쩌면 그렇게 다들 약속이나 한 듯 똑같이 이야기하는지 모릅니다. 이렇게 한번 약속을 못 지키면 다음에도 약속을 못 지키는 경우가 대부분입니다. 울화가 치밀어 올라 큰소리를 좀 냈으나 그렇다고 달리 뾰족한 수가 생기는 것도 아니었습니다.

부동산경매를 하지 않는 친구에게 그 이야기를 해주었더니 그 친구는 그 양반이 아직도 자기가 잘나가던 때의 그 위치에 있는 줄 안다고, 계속 양보해주니까 사람을 우습게 보는 것 같다고 욕을 했습니다. 듣기에 따라서는 그럴 만도 하겠다는 생각이 들었습니다. 하지만 저는 이미 기다려주기로 했던 터라 한 번만 더 기다려보기로 했습니다.

그분과는 그렇게 무려 네 번이나 약속을 미룬 후에야 최종 계약을 할 수가 있었습니다. 그렇게 되기까지 저는 그분과 연락이 될 때마다 독한 소리를 쏟아내야 했습니다. 그리고 그분은 그때마다 계면쩍어하면서 돈을 구하느라 정신이 없는 상황이니까 한 번만 더 기다려달라고 부탁하며 다음번에는 확실히 마무리하겠다고 했습니다. 나중에 생각하니 결국 제가 어떻게 그분에게 대응을 했든 계약이 더 빨라지지는 않았을 거라는 느낌이 들었습니다. 제가 제대로 끌려다닌 것 같기도 합니다.

최종 계약을 하던 날, 다시 한 번 그분의 넉넉한 웃음을 보니 이전의 복잡한 생각은 사라지고 마음이 따뜻해졌습니다. 계약을 마무리해서 기쁜 것보다 몇 번의 고비는 있었지만, 결국 기다려준 제 믿음이 헛되지 않았다는 것을 확인해서 더욱 좋았습니다. 제가 여러 번 약속을 미뤄주고 기다려주는 모습을 누군가 봤다면 참 멍청하게, 또 힘들게 경매를 한다고 생각했을 수도 있을 것입니다. 그러나 누가 뭐라고 하든 저는 제가 제대로 하고 있는 것이라고, 제대로 했다고 생각합니다. 물론 서로가 짜증 나고 어려운 상황에서 어느 정도까지 상대를 배려해야 하는지에 대한 의문은 여전히 가지고 있습니다.

거짓말쟁이에게도 예의는 갖추라

부동산경매를 하게 되면 초기에는 상대가 누구든 어떤 상황이든 잘 믿게 됩니다. 아니, 믿고 싶어 합니다. 하지만 점차 시간이 지나면서 사람들 맘이 다 내 맘 같지 않다는 것을 너무나 고통스러운 경험을 통해 명확하게 깨닫게 됩니다. 그리고 그것을 깨닫기까지 걸리는 시간은 그리 길지 않습니다. 어느 순간부터 저도 상대가 하는 말을 잘 믿지 않게 되었습니다. 항상 상대의 숨은 의도에 대해 의심을 하고 곱씹어보는 습관이 생겼을 정도입니다.

 상대의 말과 행동을 믿지 않는 것과 상대를 존중하는 것은 다른 문제입니다. 처음부터 지키지 못할 약속을 하는 사람을 많이 봤습니다. 그리고 눈 하나 깜짝하지 않고 속 보이는 거짓말을 하는 사람도 진절머리 나게 많이 봤습니다. 또 제 덕을 보려 하거나 저를 이용해 수익을 얻어내려고 하는 사람들도 여러 번 만났습니다. 어쨌든 저는 할 수 있는 한 상대에 대한 존중과 배려를 잃지 않으려고 노력하는 편입니다. 그렇게 하기 위해 저는 지금 제가 가고 있는 길을 천천히 걷고 싶습니다. 늦더라도 그런 편이 저는 좋습니다. 뻔하게 지키지 못할 약속을 해야 하는 사람도 맘이 편치는 않을 것이라고 생각합니다.

 제가 언제까지 상대에게 속아줄 수 있을지는 모르겠습니다. 앞으로 시간이 지날수록 저는 상대의 눈 하나 깜짝하지 않는 거짓말을 점점 더 빨리 눈치챌 수 있을 것이고, 그만큼 상대를 존중하려는 의지가 줄어들 것입니다. 언젠가는 제가 참아줄 수 있는 인내심이 바닥날 것입니다. 그래도 지금은 아직 그렇게 하려 합니다. 그것이 현재의 저를 위한 일이라고 믿습니다.

단기투자 일반화의
오류

경매로 부동산을 낙찰 받고 권리관계를 정리한 후 이를 필요로 하는 사람에게 바로 되파는 것을 '단기투자'라고 합니다.

이런 단기투자용 물건에 투자하는 경우에는 입찰하기 전에 미리 매수할 대상을 물색해놓게 됩니다. 그래야 낙찰을 받으면 상대와 바로 협상을 할 수 있고, 또 되팔기까지 최대한 시간을 단축시킬 수 있기 때문입니다.

이때의 매수자는 원 소유주가 될 수도 있고, 아니면 평소에 해당 물건의 매수에 관심을 가지고 있는 사람인 경우도 있습니다.

대체적으로 이런 경우에 상대와 되파는 것에는 쉽게 합의에 이르는데, 문제는 가격에 대한 부분입니다. 부동산경매는 오픈 되어 있는 매매제도이기 때문에 낙찰 받은 부동산을 사려고 하는 사람도 낙찰가격이 얼마인지 충분히 알 수 있습니다. 그런 이유로 인해

가격에 관한 논의가 쉽게 이루어지지 않습니다.

부동산경매로 물건을 산 사람은 수익을 목적으로 고생을 감수했기 때문에 비싸게 팔고 싶어 합니다. 하지만 그것을 다시 사려는 사람은 경매로 낙찰 받은 사람이 얼마에 샀는지를 알기 때문에 그 낙찰가격보다 많은 가격을 지불하려고 하지 않습니다. 그래서 단기투자의 대부분은 사실 가격협상이라고 해도 과언이 아닙니다.

흔히 '특수물건'이라고 불리는 특별한 조건을 가진 부동산에 주로 투자하는 사람들이 있습니다. 그들은 이런 특수한 조건의 부동산을 낙찰 받아 비교적 짧은 기간에 되파는 것을 목적으로 부동산경매에 투자합니다.

잘하는 사람들은 한 달에 두세 건씩도 낙찰 받고 바로 매도하기도 하는데, 그 모습을 옆에서 지켜보면 정말 부동산경매가 쉬워 보이기도 합니다. 일반인들 입장에서는 너무나 쉽게 돈을 버는 것 같아 조금만 배우면 본인도 잘할 수 있을 것 같은 착각을 하기도 합니다.

하지만 그렇게 쉽게 돈을 버는 듯한 그들의 능력은 하루 이틀 사이에 쌓아올린 것이 아닙니다. 그럼에도 불구하고 쉽게 팔아버리는 모습만 본 사람들은 종종 그게 다인 것처럼 착각하게 되고, 누구나 노력하면 다 되는 일로 인식하기도 합니다. 바로 일반화의 오류를 저지르는 것입니다.

누군가 잘한다고
누구나 잘하는 것은 아니다

평소 알고 지내던 분이 4분의 1 지분의 농지를 낙찰 받았습니다. 감정가격 절반 이하의 상대적으로 저렴한 가격임에도 불구하고 받고 보니 다른 사람은 입찰을 하지 않아 단독으로 낙찰을 받았습니다. 그분은 아파트 등 주택에 대한 경매 경험은 가지고 있었지만, 주택은 상대적으로 자금이 오랜 기간 묶이는 문제가 있어 평소 단기에 재매도하는 투자에 대한 기대를 많이 가지고 있었습니다. 그러던 차에 지인에게서 해당 농지에 대한 추천을 받아 낙찰을 받게 되었던 것입니다.

그분은 그 농지를 낙찰 받으면 다른 지분권자에게 바로 팔 생각이었습니다. 단순하게 감정가의 절반 이하로 낙찰 받았으니 낙찰가와 감정가 중간 사이의 적정한 금액으로 충분히 팔 수 있다고 생각했습니다. 하지만 경매물건의 감정가는 이미 과거 시세이고, 낙찰 이후에는 낙찰가격이 현재 시세인 것처럼 여겨져 좀처럼 가격에 대한 합의가 이루어지기 힘듭니다.

이 부분에 대한 대책이 미흡했던 그분은 낙찰 받은 후 바로 내용증명을 지분권자들에게 보내어 되살 것을 제안했습니다. 시세보다 훨씬 싼 가격에 팔겠으니 연락을 달라고 말입니다. 하지만 지분권자들에게서는 아무런 연락이 없었습니다. 잔금을 낸 후 지분권자들을 찾아갔는데 그중 한 명은 이미 오래전 고인이 되셨고, 나머지 분들은 낙찰 받은 농지에 전혀 관심이 없었습니다. 그분들은 오히려 오래전부터 자기들 지분을 정리하고 싶었으나 사겠다는 사람이 없어 어쩔 수 없이 보유하고 있다고 했습니다.

당황한 그분은 지분권자들이 그 땅에 농사를 짓고 있으니 자신이 가진 지분만큼 지료를 달라고 요구했습니다. 한데 지분권자들은 우리 땅이기는 하지만 현재 농사짓는 사람이 누군지 모른다고 잡아뗐습니다. 분명 지분권자들의 허락에 의해 누군가가 농사를 짓고 있었지만, 그분은 거기에 대해 전혀 파악할 수가 없었고 파악할 의지도 잃어가고 있었습니다.

겨우겨우 농사를 짓고 있는 점유자를 파악해 내용증명으로 지료를 내라는 요구를 했으나 그 점유자는 오히려 버려진 땅을 자기가 관리하고 있었으니 자기에게 관리비를 달라고 적반하장 식으로 우겼습니다. 너무나 어처구니없고 황당한 일이 눈앞에서 벌어진 것입니다. 단기에 수익을 내볼 욕심으로 지분 농지를 하나 낙찰 받았다가 돈도 묶이고 아무것도 못하게 된 상황이었습니다. 너무나 어이없는 상황에 그분은 손써볼 생각은 해보지도 못하고 몇 개월을 그냥 보내다가 겨우 공유물분할청구 소송을 시작했습니다.

엎친 데 덮친 격으로 이해관계자들이 많아 송달료만 30만 원이 넘게 들었고, 지분권자 중 한 분은 이미 고인이라 송달도 어려운 상황이었습니다. 통상 빠르면 3개월 안에 결판날 상황이 송달 지연으로 8개월 가까이 흘러버렸고, 겨우 전체 농지를 경매로 매각한 뒤 그 대금을 각 지분율대로 분할해 나눠 갖는 것으로 결정되었습니다.

이미 낙찰을 받고 1년이 훌쩍 지난 상황인데 원점에서 한참 뒤로 가버렸습니다. 경매로 매각해 그 대금을 나눠 가져야 하니 앞으로는 형식적 경매 신청을 해서 농지를 매도해야 할 상황입니다. 하지만 그분은 이미 소송을 겪으며 지칠 대로 지친 상태이고, 경매로 팔아도 원금을 건질 수 있을지는 미지수입니다. 그분은 이러지도 저러지도 못하는 상황에서 지금이라도 나머지 지분권자들이 제발 원금만 주고 사갔으면 좋겠다고 푸념하고 있습니다.

다른 사람이 부동산을 단기간에 잘 판다고 해서 자신도 그럴 수 있다고 생각하는 것은 매우 위험한 일입니다. 저도 단기에 매매하는 투자를 하지만 할 때마다 두렵습니다. 투자할 때마다 돈이 묶이거나 정신적인 스트레스에 대한 부담감을 느낍니다.

단기투자는 짧은 기간이 매력적이긴 하지만 반드시 제대로 배워서 해야 합니다. 그렇지 않으면 정신적인 노동 강도가 높은 편이기에 스트레스만 받을 수 있습니다. 단기투자를 하려면 기본적인 경매지식 외에 그 상황을 감당할 만한 상황판단능력과 과감성을 갖추어야 합니다. 누군가 잘한다고 해서 누구나 잘할 수 있는 것은 아닙니다. 오히려 그 시간에 자신에게 잘 맞는 다른 투자를 알아보는 게 나을 수 있습니다.

특수한 상황을 일상적인 상황으로 착각하지 마라

제가 아는 또 다른 한 분이 단기투자를 목적으로 지방의 땅 하나를 낙찰 받았습니다. 그 땅 위에는 시골에서 흔히 볼 수 있는 구옥이 하나 있었는데 무허가였습니다. 그분은 점유자가 오래 살던 고향집을 포기할 수는 없으니 결국 땅을 다시 사지 않겠느냐고 생각하고 낙찰을 받은 것입니다. 지역적인 조건이나 집 상태를 봐서는 그리 좋지 않았으나, 그 외의 심리적인 조건과 가치를 봐서 과감하게 투자를 했습니다. 거기에 자녀들이 모두 번듯한 직장을 가지고 도시에서 잘 살고 있어 부모를 위해 기꺼이 희생할 것이라고 생각했습니다.

그분이 조사한 내역은 제가 보기에도 그리 나쁘지 않았습니다. 특히 단기투자를 위한 물건은 물건 그 자체보다는 이를 둘러싼 환경이 훨씬 더 중요한데 이 물건은 그러한 부분에서 적정한 조건을 두루 갖추고 있었습니다.

그분은 낙찰 받은 당일 바로 점유자를 찾아가 인사한 뒤 의향을 물었습니다. 고향이나 다름없는 곳이어서 그랬는지 그분은 자식 볼 면목이 없다며 자식들과 의논해 결정하겠다고 순순히 말씀하셨다고 합니다. 물론 좋은 방향으로 결정하겠다는 어투였다고 합니다. 이후 그분은 의기양양한 표정으로 돌아왔고, 그 모습을 주위에서는 시기 반, 부러움 반으로 바라보았습니다.

이후 일주일쯤 지났을까, 그분이 어두운 표정으로 말했습니다. 그쪽에서 연락이 왔는데 자식들이 경매 당한 재수없는 집이 뭐가 아쉽다고 되사느냐고 난리를 친다며 그냥 포기하고 자식 집에 가서 살겠다고 했다는 것이었습니다. 자식들이 서로 모시겠다고 하니 점유자 분도 어쩔 수 없이 다시 사지 못할 것 같다고 했답니다. 자식들이 아버지 맘은 물론 낙찰자 맘도 너무 몰라준 케이스입니다. 적당히 효자면 그냥 되살 돈을 드렸을 텐데 너무 효자여서 되는 일이 없었습니다.

일이 이렇게 되고 보니 그분만 황망해졌습니다. 상대의 말이 짐짓 낙찰자를 압박하려는 연기인지, 진심이었는지는 모릅니다. 하지만 그분은 그런 말을 듣고 잔금을 낼 수 없었는지 결국 보증금을 포기하기로 하고 잔금을 미납했습니다.

단기수익을 목표로 하던 그분은 결국 수익은 고사하고 손해만 보고 단기투자를 그만두고 말았습니다. 물론 이분이 마음만 먹으면 철거 소송 및 지료 청구를 통해 점유자를 압박해나갈 수도 있었으나, 큰 수익을 목적으로 했던 것도 아니고 당시 자금적인 여유가 충분히 있는 것도 아니었기에 그 투자는 그렇게 어정쩡하게 손해만 보고 끝이 나버렸습니다.

이렇게 단기간에 수익을 내려는 목적으로 투자하는 경매에서 한두 번 실패를 경험하고 나면 그쪽은 돌아보기도 싫어지게 됩니다. 그리고 경매에 대한 자신감도 뚝 떨어져 고생하게 됩니다. 다시 제 궤도에 오르는 데 앞서 실패해본 경험이 큰 방해가 되는 것입니다.

저도 물론 이와 비슷한 경험을 한 적이 여러 번 있습니다. 그중에는 굳은 생각으로 잔금을 내고 상대와의 협상에서 알찬 수익을 낸 경험도 있지만, 드물게 보증금을 포기한 경우도 있습니다. 대부분의 경우에는 오래 가지고 버티기를 하며 상대를 압박하면 충분히 수익을 낼 수 있다고 여겨지지만, 현재의 상황에서 버티기에 들어가는 게 부담스럽다면 아쉽더라도 포기할 수밖에 없습니다.

단기투자는 매 상황이 고비고, 전투이기도 합니다. 쉽게 생각하고 접근하면 오히려 더 어렵습니다. 적은 금액의 투자를 하더라도 항상 최고의 준비를 하고 접근해야 합니다. 또한 사전에 충분히 해당 물건에 대한 매도와 협상 계획을 세워야 실패 가능성을 줄일 수 있습니다.

누군가 잘한다고 해서 그 방법이 자신에게도 맞으리라는 법은 없습니다. 특수한 상황을 일상적인 상황으로 착각하면 그 손해는 고스란히 자신에게 돌아옵니다. 무엇보다 가장 중요한 것은 실수하지 않도록 항상 준비하고 대비하는 것입니다.

부동산경매 단기투자
알짜배기 특강 03

부동산경매 단기투자의
실무

1) 단기투자용 물건의 특성은?

부동산경매 단기투자용 물건은 불완전한 부동산을 완전한 상태가 될 수 있도록 도와주는 특성을 가지고 있습니다. 즉, 단기투자 물건이 없으면 상대방의 부동산은 아무런 가치를 발휘하지 못하게 됩니다. 그러니 상대방은 단기투자 물건이 꼭 필요합니다. 단기투자란 바로 그런 중요한 특성을 가진 물건에 투자해서 상대방에게 되파는 형태입니다.

상대방은 우리가 먼저 투자한 부동산이 있어야 자기 부동산에 대해 완전한 소유권을 행사할 수 있고, 원래의 가치를 되찾을 수 있습니다. 그러므로 어떤 면에서 보면 우리가 투자하는 단기투자 물건은 부동산이 아니라 상대방의 부동산을 완전하게 만드는 권리라고 할 수 있습니다. 우리는 그 무형의 권리에 투자하는 것입니다. 그 권리를 제대로 조사하고, 분석할 줄 안다면 우리는 항상 이기는 투자를 할 수 있게 됩니다.

2) 단기투자의 순서는?

① **분석:** 단기투자가 가능한 부동산경매 물건은 서류만으로 거의 파악할 수 있습니다. 해당 부동산의 이력은 관련 부동산공부에 모두 기재되어 있습니다. 이를 세밀하게 검토하면 부동산을 소유하고 있는 사람의 특성도 파

악할 수 있습니다. 그러므로 단기투자를 위한 물건을 고르는 것은 서류분석이 가장 중요하다고 할 수 있습니다. 이 분석과정에서 매수 후 다시 되팔 사람도 미리 파악해 두어야 합니다. 부동산이 아무리 좋아도 다시 되팔 사람을 파악할 수 없다면 입찰해서는 안 됩니다.

② **임장:** 단기투자용 물건의 현장 방문은 서류로 분석한 내용을 확인하는 절차에 불과합니다. 일반 부동산경매처럼 여러 번 방문하고, 깊이 조사하지 않아도 됩니다. 그저 현장 주변에서 만나는 2~3명의 현지인에게 경매 물건에 대해 묻고, 이중 서로 일치하는 사실만 받아들이고, 나머지는 무시하셔도 됩니다. 단기투자에서는 현장에서 들은 내용보다 서류상으로 알아낸 사실이 더 가치 있는 경우가 대부분입니다.

③ **협상:** 당일 입찰에서 최고가매수신고인이 되면 그 즉시 현장으로 다시 가서 처음에 되팔 사람으로 파악해둔 사람과 만나 협상을 시작하는 게 좋습니다. 단기투자란 말 그대로 시간과의 싸움이니 그 시간을 줄이기 위해 낙찰 받은 첫날부터 협상을 하는 것입니다. 협상에서 한 가지 명심할 것은 상대방은 내쫓아야 하는 적이 아니라 내가 낙찰 받은 부동산을 다시 사줄 고객이라는 것입니다. 그러니 고객을 대하는 마음으로 상대와 대화를 해야 합니다. 기분 나쁜 말을 들었다고 해서 감정적으로 대응하거나 언성을 높여서는 안 됩니다. 고객의 화를 돋우면 일만 힘들어지고, 원하는

목적을 달성하기가 더 어려워질 뿐입니다. 한 번의 만남으로 협상이 완성되지는 않습니다. 여러 차례 만남 혹은 전화를 통해 서로 양보할 것은 양보하고, 되파는 협상을 해야 합니다.

④ **계약**: 모든 협상을 마무리하면 대부분은 상대방이 지정하는 법무사 사무실에서 계약서를 작성하고, 모든 매도과정을 마치게 됩니다.

3) 단기투자 물건의 대표 유형은?

단기투자 물건은 누군가에게 꼭 필요한 물건입니다. 부동산경매로 이런 물건에 투자하는 경우에는 입찰하기 전 서류분석단계에서 되살 사람을 미리 파악해 두고 있어야 합니다. 아무리 좋아도 되팔 상대가 없다면 섣부르게 입찰해서는 안 됩니다.

① **법정지상권**: 토지와 건물이 있는 상태에서 토지만 부동산경매에 나온 물건을 말합니다. 건물은 [제시 외]로 되어 있고, 부동산경매에 나오지 않은 상태이므로 토지를 매수하더라도 건물은 낙찰자에게 이전되지 않으니 토지만 낙찰 받은 사람이 [제시 외] 건물은 알아서 처리해야 합니다. 법정지상권이 걸려 있는 토지를 매수한다면 1차로 되팔 상대방은 바로 [제시 외] 건물의 소유주입니다.

② **지분:** 하나의 부동산을 둘 이상의 사람이 나눠서 보유하던 중 일부 지분의 소유자의 잘못으로 해당 지분이 부동산경매에 나오는 형태입니다. 나머지 지분 보유자는 대체로 직계가족이나 인척 관계에 있는 경우가 많아 지분 물건을 매수하게 되면 대개 나머지 지분권자가 되팔 상대방이 됩니다.

③ **출입구토지:** 다른 토지 혹은 건물로의 진출 및 진입에 중요한 역할을 하는 토지를 말합니다. 이때 말하는 출입구토지는 불특정 다수가 사용하는 도로 형태의 토지가 아닙니다. 출입구토지는 정원, 주차장 등으로 사용되는 형태가 단기투자를 하기에 가장 좋은 상황입니다.

4) 단기투자 할 수 있는 물건은 얼마나 될까?

대법원 매각 통계에 따르면 2015년 한 해 동안 총 164,287건의 경매가 진행되었습니다. 이중 약 5%인 8,000여 건 정도는 단기투자의 대상 물건이 될 것으로 추정합니다. 생각하기에 따라서는 많을 수도 또 적을 수도 있을 것입니다. 이 물건들 중 자신에게 맞는 최적의 투자 대상 물건을 찾아내어 투자를 하는 것이 투자자들이 해야 할 일입니다.

5) 임장이 어렵지는 않을까?

단기투자 대상 물건도 감정평가 절차를 거치기에 감정금액이 있습니다. 하지만, 일반 부동산경매처럼 시세파악을 하기 위해 여러 번 현장을 방문하고, 탐문할 필요가 없습니다. 또 매수해서 계속 보유하는 것이 아니라 바로 파는 것이기에 내부구조를 파악하지 않아도 되고, 또 수리비를 신경 쓸 필요도 없습니다.

단기투자 대상 물건은 그 자체로는 불완전한 권리이기에 해당 부동산이 다른 부동산에 얼마나 큰 영향을 미치는지 여부만 신경 써서 조사하면 됩니다. 그러니 일반 부동산경매 물건보다는 훨씬 더 임장이 쉽습니다. 그리고 조사하는 요령만 깨우치면 여러 번 현장에 방문할 필요 없이 한 번의 방문으로, 그것도 30분 이내로 임장을 마칠 수 있습니다.

6) 협상은 어떻게 해야 할까?

단기투자는 무엇보다 괜찮은 단기투자 대상 물건을 찾아내는 것이 가장 중요합니다. 적정한 투자 대상 물건을 찾으면 협상은 사실 크게 중요하지 않게 됩니다. 우리가 매수한 부동산이 상대방이 보유한 부동산에 미치는 영향이 훨씬 크기에 좋은 단기투자 물건이라면 굳이 먼저 나서서 협상하려 하지 않아도 상대방이 먼저 매수하겠다는 반응을 보이게 됩니다. 단기투자에서 협상은 그리 큰 부분을 차지하지 않습니다. 그러니 협상이 어려울 것 같아서 단기투자를 꺼릴 필요는 없습니다. 누구나 좋은 부동산을 찾는 요령만 터득하면 단기투자는 가능합니다.

7) 직장인도 할 수 있을까?

단기투자는 임대수익을 목적으로 하는 일반 부동산경매보다 절차가 좀 더 간편합니다. 그러니 직장을 다니시는 분들도 얼마든지 단기투자를 하실 수 있습니다. 임장 등은 주말에 하실 수도 있고, 2,000만 원 미만의 물건이라면 입찰 당일에 임장을 하시면 됩니다. 현장조사에서 크게 어려운 부분은 없으니 소액 물건은 오히려 입찰 당일에 임장을 하는 편이 효율적입니다. 만약 평일에 휴가내기가 어려워 입찰을 못한다면 한국자산관리공사의 공매를 이용해 단기투자를 하시면 됩니다. 공매는 법원에 방문해 입찰하지 않고, 인터넷으로 입찰하고, 잔금을 납부하고, 소유권 이전 등을 위한 서류절차는 우편으로도 가능하니 주말을 이용해 물건에 대한 현장조사를 하시고, 나머지는 다 컴퓨터를 활용해 얼마든지 할 수 있습니다.

8) 단기투자의 전망은 어떨까?

전망이란 사실 가능성의 문제이고, 가능성은 스스로가 얼마나 제대로 꾸준히 하느냐에 달려 있습니다. 남들이 단기투자로 돈을 번다고 해서 자신도 돈을 벌 수 있는 건 아닙니다. 열심히 하는 게 아니고 잘해야 돈을 벌 수 있는 문제이기 때문입니다. 그러니 앞으로의 전망은 크게 의미가 없습니다.

부동산경매라는 제도가 없어지지 않는 한 경매 물건은 꾸준히 나올 것이고, 이는 단기투자 대상 물건도 마찬가지입니다. 부동산이 소유에서 활용의 시대로 넘어가면서 임대수익을 목적으로 부동산경매는 이제 대중화되었고, 경쟁도 치열해졌습니다. 남들이 다 참여하는 곳에서 좋은 투자를 하기 위해서는 먼저 진입해 있는 투자자들보다 월등한 실력을 갖춰야 합니다. 그런데 처음 부동산경매를 시작하는 분 입장에서 단기간에 그런 실력을 갖추기는 사실 어려운 문제입니다. 그러니 아직은 많은 사람들이 참여하지 않고 있는 단기투자가 새로운 기회가 될 수도 있습니다. 단기투자 관련 시장은 아직은 일반화되어 있지 않은 시장이니 도전하는 분이 얼마나 제대로 잘하느냐에 따라 충분히 수익을 낼 수 있고, 성공의 가능성이 있습니다.

투자는 어떻게 마음을 먹고, 행동하느냐에 성공 여부가 달려 있습니다. 생각만 하고 도전하지 않으면 기회는 오지 않습니다. 새로운 시장에 뛰어들어 새로운 기회를 만드는 건 모두 우리 스스로에게 달여 있습니다. 부디 먼저 도전하고, 성취하는 투자자가 되기를 바랍니다.

성공적인 부동산경매
단기투자를 위한 지침서

늦었다고 생각될 때라도 돌이켜라
약속은 지키라고 있는 것이다
욕심보다는 안전이 제일
기대가 크면 실망도 큰 법이다
그래도 결국엔 부동산경매다

늦었다고 생각될 때라도 돌이켜라

　부동산투자는 일반적으로 장기투자를 해야 하는 것으로 알고 있는 사람들이 많습니다. 그래서 제가 부동산으로 단기투자를 한다고 하면 어떻게 그게 가능한지 의아해하는 사람들이 꽤 있습니다. 그런 질문을 하는 분들에게 주식은 장기투자도 가능하고 단기투자도 가능한데, 부동산은 왜 장기투자만 가능하다고 생각하느냐고 물으면 별다른 대답을 못합니다. 그러면서도 주식과 부동산은 상황이 다르지 않느냐고 말합니다.

　주식과 부동산은 주어진 조건이나 상황이 다르기는 하지만, 제가 보기에 기본원리는 크게 다르지 않습니다. 장기투자란 말 그대로 미래전망을 보고 오래 묻어두는 투자이고, 단기투자는 전망보다는 현재의 상황에서 수익을 낼 수 있는 조건만 따지고 투자하는 것입니다. 그러므로 주식이든 부동산이든 단기투자를 하려면 현재의 조건만 가지고 집중적으로 분석해서 수익을 낼 수 있는 부분을 찾아 투자하면 되는 것입니다.

말이 쉽지 수익을 낼 수 있는 부분을 발견한다는 것이 현실에서는 그리 녹록하지 않습니다. 또한 수익을 낼 수 있다는 것은 가능성의 문제이기에 반대로 손해를 볼 가능성도 여전히 존재합니다. 하지만 부동산으로 단기투자를 하는 것은 분명 가능합니다.

그리고 단기투자가 가능한 물건을 찾아내는 눈을 기르면 어떤 면에서는 굉장히 쉽습니다. 다만 그런 물건을 찾는 법을 제대로 알 때에 한해서 그렇습니다. 만만하게 보고 접근하면 단기투자로 돈을 벌고 성공을 맛보기 어렵습니다. 처음 시작할 때 철저히 배우고 제대로 익혀서 방향을 잘 잡아야 합니다.

단기투자는 그냥 한번 해볼까 하는 호기심만으로 접근할 수 있는 재테크가 아닙니다. 하지만 제대로 배우면 평생을 두고 요긴하게 써먹을 수 있는 아주 효율적인 투자방법입니다. 따라서 누구든 부동산경매로 단기투자를 해보고 싶다면 처음부터 제대로 익혀야 합니다.

방치한다고
문제가 해결되지 않는다

몇 년 전의 일입니다. 당시 부동산경매를 하다가 알게 된 분이 있었습니다. 처음엔 그냥 인사만 하던 정도였는데 몇 번 만나다 보니 그분이 예전에 자신이 낙찰 받았던 물건에 대한 이야기를 털어놓았습니다.

그때 당시로부터 약 3년 전 그분이 다른 사람들과 공동으로 건물이 있는 땅을 낙찰 받은 적이 있다고 했습니다. 건물은 매각에서 제외되고 30평 정도의 땅만 약 1,200만 원에 낙찰 받았는데 여러 번 유찰된 것이어서 실제 감정가는 3,000만 원이 넘는 땅이었습니다. 단기에 다시 팔려고 받은 물건이었으므로 당연히 매각을 위해 뛰어다녔지만 소득은 없었습니다.

그 건물은 평소에는 거의 비어 있고, 일이 있을 때에만 그 마을에서 공동으로 사용했던 탓에 소유자가 누구인지 알 수가 없었습니다. 그 건물은 마을의 공동 소유이기도 하면서 어느 누구도 소유자가 아니기도 했습니다. 굳이 특정하자면 통장을 대리인이라고 할 수 있었습니다. 답답해진 그분은 통장을 찾아가 이런저런 이야기를 하면서 땅을 되팔겠다고 제안했지만, 그 건물은 자신이 통장을 맡기 전인 아주 오래전 국가에서 보조금을 받아 지어진 것이기에 자신과 별 상관이 없다고 잡아뗐다고 합니다. 그러면서 소유주도 아닌 자신에게 와서 아무리 말해봤자 소용없으니 포기하고 그냥 돌아가라고 했다는 것입니다.

그분은 통장을 설득해 팔아보고, 안 되면 통장을 상대로 건물철거 소송을 내거나 부당이득금 반환청구 소송을 내려고 생각했습니다. 하지만 자신은 아무런 권한도, 책임도 없다는 통장의 말에도 일리는 있다 싶어 이러지도 저러지도 못하고 그냥 돌아왔고 그게 벌써 3년이 지났다는 것이었습니다. 그러면서 저에게 그 물건의 해결을 도와달라고 부탁했습니다. 해결이 잘되어 수익이 나면 같이 투자한 사람들과 협의해 수익의 반을 주겠다는 말도 였었습니다.

당시 별다른 일이 없었기에 저는 일단 같이 투자한 분들과 이야기를 해보고 다시 연락해 달라고 하고서 며칠 뒤에 직접 물건을 보러 현장에 갔습니다. 현장을 둘러보고 주변 탐문을 하다가 점심때가 되어 근처 식당에 들어갔습니다. 식사를 시키고는 주인에게 그 건물에 대해 물어보는데 식당 주인이 마침 예전에 그분이 만났다던 통장인 듯했습니다.

궁금한 마음에 통장에게 예전의 경매에 대해 물었습니다. 그랬더니 몇 년 전 어떤 남자들이 마을에서 공동으로 쓰는 건물의 땅을 낙찰 받았다며 찾아와서 다시 사가라고 하길래 관심 없다고 돌려보낸 적이 있다고 했습니다. 그래서 모르는 척 그 지역이 재개발 예정 지역인데 싼 값에 사두면 좋을 텐데 사지 그랬느냐고 물었습니다. 식당 주인은 당시 살까 하는 고민도 잠시 하긴 했지만 당장 돈도 없었고, 사겠다고 하면 그 사람들이 비싸게 팔려고 할 것 같아서 그냥 두었다고 했습니다. 그 말을 듣고는 아주 가능성이 없는 것은 아니라는 생각이 들었습니다. 가격만 맞으면 식당 주인이자 통장인 아주머니가 충분히 되살 것 같은 느낌이었습니다. 얼마면 살 것인지 묻고 싶었지만 아주머니의 눈치가 대단해 보였기에 더 이상은 묻지 않았습니다.

이후 되돌아와서 저에게 물건의 해결을 부탁한 분에게 연락을 했습니다. 그리고 물건을 해결하는 대신 낙찰가보다 좀 더 싸게 저에게 팔라고 제안을 했습니다. 어차피 오래 보유하고 있으면서도 스스로 해결 의지가 사라진 지 오래이고, 해결할 수 있는 방법도 모르는 상태이니 단순히 해결만 돕는 것보다는 제가 물건을 가져와서 직접 해결하는 것이 훨씬 더 효율적이고, 수익도 좀 더 많이 낼 수 있을 것 같은 생각이 들었습니다.

제가 제시한 가격은 1,000만 원이 조금 안 되는 가격이었습니다. 물론 그분이 낙찰 받은 금액과 세금 및 이런저런 비용을 감안하면 손해가 나는 것이긴 했지만, 그래도 오랫동안 해결하지 못하고 있는 상황에서 돈만 묶여서 계속 가는 것보다는 팔 수 있을 때 파는 것이 나을 것이라는 계산도 있었습니다.

제 제안에 그분은 긍정적인 반응을 보였지만 같이 투자한 다른 분들의 의견도 들어보아야 하니 조금만 기다려달라고 했습니다. 그러고 나서 며칠 후 연락을 해온 그분은 다른 분들이 손해보고 팔 수는 없다며 강하게 반대를 한다고 했습니다. 그러면서 자신은 자기 명의로 된 물건이 있어서 부담스럽고, 어차피 수익을 보기도 힘드니 팔아버리고 싶은데 다른 사람들이 반대하니 팔지 못하겠다고 했습니다. 어차피 이렇게 된 거 재개발이 되면 감정가대로 보상을 받을 수 있으니 좀 더 기다려보는 것으로 자기들끼리 의견을 정리했다고 했답니다.

그 말을 듣고 저는 바로 그러라고 했습니다. 큰 수익이 나는 것도 아니고, 확실히 팔 수 있을지도 모르는 상황이었기에 좀 싸게 판다면 매수할 생각이 있었지만 그분들이 낙찰 받은 금액 이상의 돈을 주고는 살 생각이 없었습니다.

그분들은 몇 년이 지난 그때까지도 자신들이 무얼 잘못했는지, 또 무슨 실수를 했는지 제대로 깨닫지 못하는 듯했습니다. 그나마 저에게 그 이야기를 한 분은 실수했다는 것을 깨닫고 이제라도 손해를 감수하고 팔 생각을 하는데 공동으로 투자한 나머지 분들은 여전히 기대만 하고 있었습니다. 자신들의 투자 실수에 대해서는 책임질 생각 없이 감나무에서 감이 떨어지기만 기다리겠다고 하니 참으로 안타까웠습니다.

단기투자를 하려고 한다면 입찰하기 전부터 물건분석은 물론이고, 그 물건을 되팔 상대를 정확히 파악해두어야 합니다. 그렇게 하더라도 물건을 되팔 수 있을지 없을지는 실제로 협상을 해봐야 알 수 있습니다. 그런데 그분들은 그런 과정을 전혀 거치지 않고 덜컥 물건부터 낙찰을 받았습니다. 그러니 해결이 제대로 이루어질 리 만무했습니다. 물건을 낙찰 받은 이후라도 자신들이 잘못된 투자를 했다는 것을 인지했다면 적극적인 태도로 물건을 팔려는 노력을 해야 했는데, 아무도 적극적으로 나서는 사람 없이 그냥 장기투자를 한 셈으로 묻어두기만 하고 해결하기 위한 노력은 하지 않으니 그 물건은 절대 팔릴 수가 없었던 것입니다.

실패에서 배우고
성공에서 자신감을 얻다

자기 돈을 투입해서 원금과 수익을 빼내야 투자에 성공했다고 말할 수 있습니다. 아무리 많은 투자를 해도 수익을 빼내지 못하면 그 투자는 실패한 것입니다. 잘못된 투자를 하면 절대로 수익을 얻을 수가 없습니다. 잘못된 투자는 사람을 지치게 하기 때문에 투자를 할 때에는 최대한 신중하게 판단하고 진행해야 합니다.

설사 잘못된 투자를 했다고 하더라도 절대 거기에서 멈추지 말아야 합니다. 물론 의기소침해질 수는 있겠지만 그로 인해 평생 해야 할 투자를 그만둬서도 안 됩니다. 투자는 성공하든 실패하든 끊임없이 시도해야 합니다. 그런 투자과정 속에서 의미 있는 투자결과도 만들어지게 됩니다.

결코 투자를 진행하다 중간에 멈추거나 잘못된 투자라고 해서 제대로 마무리하지 않고 가만히 내버려두어서는 안 됩니다. 잘된 투자든 잘못된 투자든 모든 것은 자신의 책임과 공으로 돌아가니 결론이 어떻게 나든 밀어붙여서 완전히 끝을 내야 합니다. 그렇게 한 건씩 제대로 마무리를 하다 보면 어떤 것이 좋은 투자이고, 어떻게 해야 돈을 벌 수 있을지 하나씩 깨닫게 됩니다.

성공이란 그런 하나하나의 투자와 마무리를 반복해서 실행할 때 비로소 이룰 수 있습니다. 절대로 중간에 그만두지 말아야 합니다. 중간에 그만두면 그저 시간 낭비만 하는 것입니다. 실패에서 배우고, 성공에서 자신감을 얻는 것이 제대로 된 투자라는 사실을 기억하며 굳은 마음으로 계속 시도해야 합니다. 그것이 성공을 얻을 수 있는 최고의 방법입니다.

약속은
지키라고 있는 것이다

　예전에 같은 직장을 다녔던 후배가 부동산경매를 배우고 싶다고 해서 물건 하나를 골라 같이 입찰을 하러 가기로 했습니다. 그 후배는 입찰 자체가 처음이라 경험을 공유하고, 긴장감도 덜어줄 겸 같이 투자를 하기로 했습니다. 처음인 만큼 열정이 가득했던 후배는 이왕 입찰하러 가는 김에 주변에 있는 다른 물건을 임장하겠다며 전날 저녁에 괜찮아 보이는 물건들을 몇 개 추려서 가져오겠다고 말했습니다.

　첫 입찰이라 다른 데 신경 쓸 여유가 없을 텐데 무리한다 싶어 그러지 말고 내일 입찰할 물건분석이나 한 번 더 하라고 말했습니다. 처음 투자하는 것인 만큼 여기저기 신경 쓰지 말고 입찰할 물건에만 집중하라는 의미였습니다. 그러나 그 후배는 제 말을 별로 귀담아듣는 것 같지 않았습니다. 그러면서 이왕 가는 김에 남는 시간을 이용해 다른 물건도 찾아보면 현장 경험도 더 쌓고 좋지 않겠느냐고 말하며 고집을 부렸습니다. 더 이상 말려봐야 소용없겠다 싶어 하는 수 없이 내일 일찍 가야 하니 너무 늦게까지는 하지 말라고 당부하고 이야기를 마무리했습니다.

다음 날 입찰 법원이 지방이라 약속한 시각인 새벽 5시에 맞춰 후배의 집 앞에 도착했는데 아무런 인기척이 없었습니다. 때 되면 나오겠거니 하고 기다렸는데 약속시간이 지나도 나오지를 않았습니다. 새벽에 전화벨이 울리면 시끄러울까 싶어 문자를 보냈는데 5분이 지나도록 답도 없었습니다. 아마 준비 중인데 늦어지고 있겠거니 하며 전화를 해봤는데 이마저도 받지 않았습니다. '이런 뻬리리 같은 놈을 봤나.' 저절로 욕이 나왔습니다.

두 번을 전화했는데 모두 받지를 않았습니다. 평소 약속 지키는 것을 중요하게 생각했었고, 꽤 멀리 내려가야 하는 터라 전날에도 약속 시간에 대해 여러 번 강조했었는데 이런 식으로 나오다니 자세가 안 되어 있다 싶었습니다.

제가 물건을 추천했을 때 괜찮아 보인다며 직접 해보겠다고 적극성을 보였고, 다른 물건까지 뽑아오겠다며 열성을 내비치던 녀석이 막상 약속시간을 넘기며 연락도 안 되니 짜증이 와락 밀려왔습니다. 후배가 오늘 입찰할 물건의 주인이 아니다 싶은 생각에 더 이상의 연락 없이 그냥 집으로 돌아와 다시 자리에 누웠습니다. 시간은 오전 6시를 넘어가고 있었습니다. 그때까지 후배 놈에게서는 아무 연락도 없었습니다. 혹시나 갑자기 안 좋은 일이 생겼나 걱정스러운 맘도 잠시 들었으나 꽤씸한 생각이 계속 드는 것은 어쩔 수 없었습니다.

한 번의 실수는 그야말로 실수다

자리에 누워 있어도 잠은 오지 않고, 어차피 오늘 입찰을 위해 시간도 비워둔 터라 다시 일어나 입찰하려던 물건지로 차를 몰았습니다. 좀 늦게 출발하는 바람에 두 시간 넘게 한 번도 쉬지 않고 달려 현장에 거의 다 도착했는데 전화통에서 불이 나기 시작했습니다. 전화기를 보니 그 후배 녀석이었습니다. 전화가 여러 번 왔으나 일단 받지 않기로 했습니다.

현장에 도착해 물건 주변을 둘러보는데 느낌이 별로 좋지 않았습니다. 경매정보지에서 보던 것과 달리 집 마당에는 부서진 채로 방치된 창고 비슷한 건물이 보이고, 집 안에서는 사람의 온기가 전혀 느껴지지 않았습니다. 현장을 빠져나와 주변을 돌아보다 옆 가게에 들어가 그 집에 대해 물었습니다.

가게 주인은 온 동네 사람들이 그 집의 경매 사실을 다 알고 있는 상태라고 말했습니다. 집주인이 막일을 하는지, 폐지를 주우러 다니는지 잘은 모르는데 약간 정신지체가 있는 사람이라고도 말했습니다. 초장부터 일진이 별로 좋지 않다 싶었는데 자칫하다가는 덤터기를 쓸 것 같은 기분이 들었습니다. 가격이 많이 떨어져 욕심은 났지만 사실 이런 어려운 상황에서 정신지체가 있는 사람과 협상을 해서 문제를 해결하는 것은 자신이 없었습니다. 잠시 고민을 했으나 결론은 뻔했습니다. 저는 그냥 포기하기로 했습니다.

그 와중에도 전화기는 1분에 한 번씩 울리고 있었습니다. 시간은 이제 오전 10시가 다 되어 있는 상황이었습니다. 그때까지도 여전히 맘이 풀리지 않아 전화기는 그냥 두고 있었습니다. 저는 내려온 김에 근처에 있는, 아직 입찰이 좀 남아 있는 물건을 둘러보기로 했습니다.

차로 이동하며 무심결에 전화기를 보니 후배 놈의 죄송하다는 문자가 여러 통 와 있었습니다. 쓴웃음이 났습니다. 이놈이 황당하긴 했나 봅니다. 부재중 전화가 30통이 넘었습니다. 그때 다시 전화기가 울렸습니다. 전화를 받으니 후배 놈의 첫마디가 "죄송합니다"라는 말이었습니다. 그리고 아무 소리도 없이 가만히 있었습니다. 지은 죄가 있으니 꿀 먹은 벙어리 노릇을 하고 있었습니다.

저는 최대한 감정을 자제하려다 보니 목소리가 더 가라앉아서 제가 듣기에도 크게 화가 난 듯 느껴졌습니다. 시간 맞춰 나오지 않고 뭐 했느냐는 물음에 후배 놈은 기어들어가는 목소리로 잠도 안 오고 해서 주변 물건을 찾다가 밤을 새웠다고 했습니다. 그러다 앉아서 잠깐 눈을 감았는데 일어나보니 오전 9시가 넘어 있었다고 했습니다. 알았다고 하고 지금은 다른 물건을 임장하고 있으니 나중에 다시 이야기하자고 한 뒤 전화를 끊었습니다. 화를 내도 소용

즉시 팔고 바로 버는 부동산경매 단기투자 2

없는 상황이라는 생각이 들었습니다. 처음이라 많이 긴장하고 걱정한 탓에 그랬으리라는 것도 짐작은 되었습니다.

다음 날 만난 후배 놈은 머리를 조아리며 정말 면목이 없다고 했습니다. 그 앞에서 더 이상 잘못에 대한 지적을 할 수는 없었기에 다시는 그런 일이 없도록 하라는 말만 덧붙였습니다. 그리고 며칠이 지난 후 그 후배 녀석은 그날의 아찔한 기억에 대해 너스레를 떨며 말했습니다. 그날 아침에 깜짝 놀라 눈을 뜨니 이미 시간은 오전 9시가 넘어 있었고, 전화기를 보니 제가 보낸 문자와 부재중 전화가 있어 '이거 큰일났다'는 생각에 정신이 혼미했다고 합니다. 계속 전화해도 저는 받지를 않고, 아내까지 자신에게 뭐라고 하니 부동산경매를 해보기도 전에 포기해야 하나 싶은 생각까지 들었다고 했습니다. 그러면서 지금은 웃으며 이야기하지만 그때는 정말 심각하게 고민했다고 했습니다. 그렇다고 부동산경매를 포기하는 것까지 생각했었다니 어이가 없었습니다. 그렇다고 그 일을 그저 웃어넘길 수도 없는 노릇이었습니다.

실수는 누구나 할 수 있습니다. 저도 마찬가지입니다. 이제까지 그 후배를 알아왔던 시간 동안 이런 실수를 하는 모습을 본 적이 없었습니다. 그래서 이번 실수는 그다지 큰 문제라고 생각하지 않았습니다. 정말 긴장한 탓에 벌어진 일이고, 다시는 일어나지 않을 실수라고 여겼습니다. 실수는 그래서 실수인 거라고 여겼습니다.

반복되는 건
더 이상 실수가 아니다

그 일이 있고 나서 한 달 정도 지났을 무렵 문제의 후배가 물건 하나를 꺼내 보여주었습니다. 앞뒤, 좌우를 꼼꼼히 살펴본 바에 따르면 그리 나쁘지 않았습니다. 어떻게 할 생각이냐고 물었더니 저보고 같이 했으면 좋겠다고 했습니다. 그러자고 하고 나서 입찰일에 만나 같이 가자고 했습니다. 제가 집 앞으로 가겠다고 했더니 후배는 한사코 거절하며 지난번 실수도 있고 하니 이번에는 우리 집으로 약속에 늦지 않게 정확히 시간을 맞춰 오겠다고 했습니다.

지난 기억이 떠올라 후배의 얼굴을 바라보며 짐짓 짓궂은 표정으로 절대 늦지 말라고 반 농담 식으로 협박을 했고, 후배는 곤혹스러워하며 절대 늦지 않겠다고 답했습니다. 그렇게 약속을 하고 잠자리에 들었다가 새벽녘에 일어나 준비를 마쳤습니다. 약속 시간보다 대략 15분쯤 일찍 나왔던 것으로 기억을 합니다.

겨울이어서 추웠던 터라 건물 사이에서 최대한 칼바람을 피하며 약 20분을 기다렸습니다. 약속 시간이 5분 정도 지난 상황이었습니다. 이런 망할 놈이 있나, 후배는 또 약속시간에 오지 않았습니다. 또다시 짜증이 밀려들었습니다. 전화를 걸었더니 받지를 않았습니다. 잠시 기다렸다가 다시 전화를 하니 겨우 전화를 받긴 했는데 목소리가 잠겨 있었습니다. 저는 조용히 물었습니다.

"어디냐?"

"…."

"어디쯤 오고 있어?"

"죄송합니다, 형님. 집입니다. 잠깐 눈 붙인다는 게 못 일어났습니다. 죄송합니다. 지금 바로 출발하겠습니다. 30분이면 도착합니다."

"30분이고 뭐고 몇 시에 만나기로 약속했는데 아직도 집에서 있어? 제정신이야?"

"…."

"내가 시간이 남아도냐?"

"…."

"집에 들어가 있을 테니까 도착하면 전화해."

"네, 바로 가겠습니다, 형님."

같은 실수를 연속으로 두 번이나 저지른 후배 놈이 정말 어이없었습니다. 지난번 첫 실수 때 정신을 차리도록 확실히, 그리고 따끔하게 질타를 해줬어야 했다는 생각이 들었습니다. 그러면서도 한편으로는 두 번이나 같은 실수를 했으니 이제는 더 이상 이런 실수를 절대 저지르지 않을 거라는 생각이 들기도 했습니다. 본인을 위해서 앞으로 다시는 그러지 않았으면 좋겠다는 생각이 간절했습니다.

집 앞에 도착해 전화를 하는 후배의 목소리는 잔뜩 얼어 있었습니다. 나와서 후배 얼굴을 보니 잠을 못 자 퉁퉁 불어 있었고, 눌린 머리와 씻지 못한 얼굴로 초조하게 서 있었습니다. 조용히 차에

타 법원으로 가는 내내 서로 아무 말도 하지 않았습니다. 경험상 아침의 기분이 좋지 않으면 입찰을 하러 가지 않는 편이 훨씬 더 나았습니다. 그날도 그랬습니다. 좋은 물건이었지만 우리와는 연이 닿지 않았는지 떨어졌습니다.

올라오는 길에 후배가 조심스레 말했습니다.

"형님, 제가 오늘 또 큰 실수를 해서 죄송합니다. 괜찮으시면 올라가는 길에 제가 밥을 맛있게 하는 집을 알고 있는데 거기서 점심을 먹고 올라가시죠."

그럴 기분은 아니었지만 후배의 긴장도 풀어줄 겸 그러자고 했습니다. 그런데 후배는 저를 잘 몰랐습니다. 저는 굳이 멀리 있는 맛집을 찾아다니는 스타일이 아닌데 후배는 원래 가던 길에서 20분 이상 벗어났습니다. 바로 근처에 있다던 맛집은 우리 코스에서 10여 킬로미터나 더 떨어져 있었습니다. '오늘 같은 상황에서는 맛집을 찾아 왕복 40분을 허비하는 것보다 휴게소에서 우동을 먹는 게 훨씬 더 나았을 텐데'라는 생각이 들었습니다. 그때 처음으로 그 후배 녀석과 제가 궁합이 안 맞을지도 모르겠다는 생각이 들었습니다. 그 후배와는 같은 직장을 다니기도 했고, 또 10년 이상을 알아온 사이였는데 그때 처음 그런 복잡한 기분을 느껴봤습니다. 상한 기분에 먹는 맛집의 음식이 입에 맞기를 기대하는 것은 무리였습니다.

그날 서울에 올라와 후배를 붙잡고 앉아서 약 30분 넘게 잔소리를 했습니다. 명목상으로는 후배를 위한다는 것이었으나 실상은 그동안 쌓여버린 스트레스를 풀기 위함이었습니다. 후배에게 저는 약속에 대한 책임감과 지키지 못한 것에 대한 죄책감을 크게 느껴야 한다는 것, 그리고 덧붙여 나는 맛집을 찾아다니는 성격이 아니니 다시는 맛집에 가자며 시간을 허비하지 말자고 했습니다. 후배는 스스로 지은 죄를 생각하며 철석같이 알았다고 대답했습니다. 그날 대화를 마치고 집으로 들어오는 길이 그리 유쾌하지는 않았습니다. 그날은 후배도, 저도 모두 씁쓸한 기분이었습니다.

그렇게 두 번의 실수를 한 후배는 입찰을 하러 갈 때나 협상을 하러 갈 때, 그리고 무엇이든 약속을 정할 때에는 한동안 스트레스를 받아야 했습니다. 그 일이 있은 후 그 후배가 늦거나 약속을 지키지 않는 일은 거의 일어나지 않았습니다.

그 후배는 몸으로 직접 어이없는 상황을 겪었기 때문에 머리가 아닌 몸에 각인되어 웬만해선 절대로 같은 실수를 반복하지 않을 것입니다. 하지만 그렇게 실수를 저지른 후에야 고쳐지는 나쁜 습관을 가지고 있다면 언젠가 정말 제대로 크게 실수할 가능성도 분명히 있을 것입니다. 어디에서건 그 후배가 그런 필요 없는 경험을 제발 하지 않았으면 좋겠습니다. 지킬 수 있는 약속을 어이없이 깨는 순간 좋았던 이미지도 같이 깨져버리고, 그 깨져버린 신뢰를 다시 세우는 데에는 너무도 오랜 시간이 걸립니다.

욕심보다는
안전이 제일

    부동산경매는 단점이 많긴 해도 자신이 가지고 있는 장점 하나만 잘 활용하면 분명 기회를 잡을 수 있는 재테크라고 생각합니다. 그래서 저는 항상 제가 가진 장점을 최대한 활용할 수 있는 방법을 찾습니다. 그리고 제가 가진 몇 안 되는 장점 중 하나는 욕심을 크게 부리지 않는다는 것입니다.

    예전에 한 모임에 참석했을 때 어느 분이 참석자들을 대상으로 질문을 하나 한 적이 있습니다. 복잡한 권리관계가 얽혀 있고 해결이 어려운 물건일수록 돈이 된다는데, 이에 대해 어떻게 생각하는지 다양한 의견을 듣고 싶다는 것이었습니다. 질문이 너무 광범위해서 모두들 자기 생각을 말하지 못했습니다. 그때 그 모임을 주관한 분이 나서서 말했습니다. 그분은 제게 처음 제대로 된 경매를 가르쳐준 분이기도 했습니다.

"저는 복잡한 물건은 안 합니다. 다른 쉽고 깔끔한 물건도 수두룩하고 먹을 게 많은데 굳이 어려운 물건을 찾아서 머리 아프게 분석하고, 낙찰 받아서 소송하고, 욕설 내뱉으며 싸워서 돈만 많이 벌면 뭐 합니까? 저는 그런 거 안 합니다."

"그래도 요새는 누구나 다 경매를 재테크로 생각하고 참여해서 실수요자도 많으니 전문적으로 경매만 하기가 어렵지 않나요?"

"제가 보기엔 먹을 거 천지예요. 좋은 물건이 보이지 않는 건 그만큼 노력을 하지 않았다는 뜻입니다. 열심히 하려 하지 말고 잘 해보세요. 돈 벌 방법은 셀 수 없이 많습니다."

누구도 그분의 말에 쉽게 동의할 수 없었고, 또 동의하지 않을 수도 없었습니다. 거기 있는 누구도 스스로 잘하고 있다고 자신 있게 말할 수 있는 사람이 없었으니 더욱 그랬습니다. 그분의 말을 들은 그때부터 저도 "열심히 하지 말고 잘하자"는 말을 입에 달고 삽니다. 시간이 지날수록 그분의 말씀이 전적으로 옳았다고 여겨집니다. 그리고 좋은 물건이 없다고 느낄 때마다 제가 스스로 잘하지 못하고 있음을 탓하게 됩니다.

내가 잘하는 하나에 집중하라

어려운 물건일수록 돈이 된다고 여기저기 기웃거리지 말고 차

라리 한 가지 확고한 틈새를 제대로 확보하는 것이 좋습니다. 거기서 실력을 키우고 배우다 보면 원하지 않아도 더 넓은 세상으로 나갈 수 있는 기회가 만들어집니다.

제 경우를 보면 아직 완전하다고 할 수는 없지만, 때때로 완전한 것처럼 여겨지기도 합니다. 꾸준히 자본차익을 낼 수 있는 물건에 집중하다 보니 이제 그 분야에서는 나름 길이 보이는 것도 같습니다. 이 부분에 대해서는 약간 낯간지럽기도 하고, 저보다 실력이 뛰어난 분들에게 죄송한 마음이 드는 것도 사실입니다. 하지만 제 나름대로 보고, 또 저에게 보이는 그 길 위에서 계속 걷다 보니 점차 새로운 길이 보이고 있습니다.

한때는 저도 제가 집중하던 분야에서 벗어나 한층 더 빨리 넓은 세상을 맛보고 싶었습니다. 그래서 제가 주력으로 투자하는 분야가 아닌 새로운 길을 찾아 시간을 보내기도 했습니다. 그런데 그렇게 이것저것 바라보며 보낸 시간이 오히려 제 주력 투자분야마저 흔들어버린다는 것을 느꼈습니다. 임계점에 닿기도 전에 물을 끓이기 위해 애쓰다 보니 힘만 들고, 물은 그대로 미지근한 상태로 시간만 죽이고 있었습니다. 그게 제 모습이었습니다. 그래서 한참 투자의 진력을 내던 때도 있었습니다. 지금도 여전히 그런 지루함은 반복됩니다.

아직 완벽하다고 할 수는 없지만 예전에는 지금보다 훨씬 더 욕심이 지나쳤습니다. 제가 가진 것에 비해 너무나 큰 욕심으로 객기를 부리는 때도 자주 있었습니다. 안전하게 서 있는 것조차 버거

운 경매판에서 걸어갈 수 있음에 감사하지 않고 뛰어가려고, 그것도 1등으로 뛰어가려고 헛발질을 쉴 새 없이 하기도 했습니다. 정신을 차리고 보니 오히려 제가 걸어갔던 길을 되돌아가고 있기도 했습니다. 한동안 자아비판을 하며 제가 걸었던 길을 뒤돌아보았습니다. 나름 힘든 길이었습니다. 옆을 보니 저와 비슷한 시기에, 혹은 훨씬 전부터 걷기를 시도했던 사람들 대부분이 제가 걸어가는 길 위에서 보이지 않았습니다.

어느 순간 커다란 망치가 제 머리를 한 대 때리는 것 같았습니다. 감사해야 할 것에 대해 감사하지 않고 그저 스스로 잘난 줄 알고 만용만 부리던 제가 부끄러웠습니다. 매 순간 제가 계속 걸을 수 있음에 감사하고, 또 감사해야 한다는 생각이 깊이 들었습니다. 느리더라도 멈추거나 뒷걸음 치지 않고 이렇게 묵묵히 계속 앞으로 걸어가다 보면 결국 잘될 것이라는 생각이 듭니다. 그렇게 마음을 달리 먹으니 제가 걷는 길에서 뻗쳐 나가는 새로운 길이 보이는 것도 같습니다. 아직은 뚜렷하지 않지만, 전에는 보이지도 않던 길이었습니다. 천천히 그 길을 걸으며 탄탄하고 넓게 그 길을 닦으려 합니다. 이것이야말로 느리지만 빠른 길일지도 모르겠습니다. 욕심내기보다는 안전하게 길을 만들어가고 싶습니다.

자기 자신과의 경쟁에서 이겨라

지금 세상은 제대로 서 있는 사람을 찾기도 어려운 형국입니다. 이런 어지러운 세상에서 저는 그나마 제대로 서 있을 수 있고, 천천히라도 앞으로 나아갈 수 있음을 감사하게 생각합니다.

가끔 서 있지도 않은 상태에서 불평을 하는 사람들을 보게 됩니다. 처음에는 충고를 하고, 그 충고를 듣지 않으면 비판적으로라도 이야기해줬지만 지금은 침묵이 금이라는 것을 경험으로 알게 되었습니다.

부동산경매에서 자신의 노하우를 아낌없이 나눠주는 사람들이 있습니다. 사람들이 그들을 보면 말합니다. "왜 그 좋은 걸 혼자 알고 있지 않고 저렇게 떠들어대냐?"고 말입니다. 비웃음 섞인 비판입니다. 혼자서 하면 더 잘, 그리고 더 많이 해먹을 수 있을 것이라고도 말합니다. "저 사람은 혹시 저걸로 돈을 버는 거 아닐까?"라고 말하기도 합니다. 물론 그런 사람도 있을 것입니다. 저도 그렇게 생각한 적이 있습니다. 하지만 그런 의심으로 사람들을 색안경 끼고 바라보고 비판적으로 생각하면 자기 자신을 위한 투자는 언제 할 수 있겠습니까?

부동산경매는 그 투자를 하는 사람들과의 경쟁이 아니라 자기 자신과의 경쟁입니다. 자신이 지치면 스스로 포기하는 것입니다. 그런 포기는 누구에게도 해가 되지 않습니다. 또한 자신이 돈을 벌면 돈을 벌기 위해 초기에 투자한 돈으로 누군가는 새로운 시작을 합니다. 그리고 그것으로 말미암아 누군가는 새로운 기회를 얻기도 합니다. 그것만 생각하면 됩니다. 다른 사람이 어떤 방식으로 돈을 벌든 그것은 그의 몫입니다. 이를 비판하는 것은 자유지만 그런 비판이 우리를 성공으로 이끌지는 못합니다.

부동산경매는 자기 자신과의 싸움입니다. 이기면 이기는 대로, 지면 지는 대로 모든 게 자기 자신의 탓입니다. 성공도, 실패도 모두 스스로 감당하는 것입니다. 제가 아는 것은 아직 그 정도뿐입니다. 아무리 좋은 것을 알려줘도 하지 않는 사람이 있고, 못하는 사람이 있습니다. 그런 사람에 비하면 저는 지금 정말 행복한 것 같습니다.

기대가 크면
실망도 큰 법이다

"모든 갈등은 상대에게 무언가를 바라는 기대심리에서 나온다. 기대하지 않으면 실망도 없다."

이름만 들어도 누구나 다 알 만한 사람이 한 이야기입니다. 참 좋은 말입니다. 그런데도 왜 항상 언제 어디서든 그렇게 기대가 되는지 모르겠습니다.

부동산경매 단기투자를 시작한 지 얼마 되지 않았을 때의 일입니다. 물건 검색을 하던 중 아주 조그만 조각 땅 하나가 보였습니다. 한 4평도 안 되는 땅이었습니다. 서울이라 그런지 감정가격은 3천만 원이 넘었습니다. 처음엔 별 생각이 없었는데 시간이 갈수록 머릿속에서 계속 맴돌았습니다. 그때의 저는 항상 물건에 목말라 있었기에 어느새 저는 물건을 보러 가고 있었습니다.

지하철을 타고 가서 근처에 내려 또 10분쯤 마을버스를 타고

산자락 끄트머리까지 올라갔습니다. 가보니 마을버스 종점 부근이었습니다. 거기서 멀지 않은 지점에 그 물건이 있었습니다. 가까이 다가가 보니 경매정보지에서 본 것보다 훨씬 더 웅장한 다가구주택이 우뚝 서 있었습니다. 여러 가구가 살고 있고, 동네도 산꼭대기라고 믿기지 않을 만큼 괜찮아 보였습니다. 경매에 나온 물건은 다가구주택이 깔고 있는 세 개의 필지 중 하나였습니다. 그 자체만으로는 거의 쓸모가 없었지만, 다가구주택이 경매에 나온 땅을 약 1평도 안 되게 침범해 있었습니다. 외형상으로는 그렇게 보였습니다. 담장이 쳐져 있어 접근하기 힘들어 자세히 볼 수가 없었습니다.

경매정보지에는 다가구주택이 해당 토지를 침범했는지 여부를 정확히 알 수가 없으며, 정확한 것은 측량이 필요하다고 적혀 있었습니다. 그때 마침 옆집 마당에서 물청소를 하고 있는 아주머니가 보였습니다. 아주머니에게 옆의 다가구주택에 대해 물으니 잘은 모르지만 그 집이 아마 몇 년 전부터 소유권 문제로 전 소유주와 현 소유주가 소송을 하고 있는 것 같다고 했습니다.

덧붙여 다가구주택과 맞붙어 있는 뒷집도 다가구주택 건축 시부터 건물이 자기 땅을 침범하는 문제로 여러 해에 걸쳐 소송을 했답니다. 한마디로 다가구주택 건축주가 주변 사람들에게 민폐를 많이 끼쳤다고, 여기에서는 저 집을 별로 안 좋게 인식하고 있다고 했습니다.

당시 별로 경험이 많지 않던 저는 여러 해에 걸쳐 소송을 했다는 말에 이미 반쯤 전의를 상실한 상태였습니다. 그래도 이왕 온 김에 아주머니에게 양해를 구하고, 옆집 옥상으로 올라가 경매에 나온 토지를 다시 한 번 살펴봤습니다. 옆집 옥상에서는 경매에 나온 토지가 정확하게 보였고, 가져온 지적도와 비교해봐도 건물이 경매에 나온 토지를 침범한 것이 확실하게 느껴졌습니다. 이는 측량을 해도 마찬가지일 거라고 판단했습니다.

옥상에서 사진 몇 장을 찍는데 다가구주택과 맞닿아 있는 뒷집에서 한 분이 나와 마당에서 화분을 정리하고 있었습니다. 다가구주택 건축주와 소송을 여러 차례 했다는 바로 그 분이었습니다. 큰 소리로 그분을 부른 뒤 다가구주택 땅이 경매에 나와서 그렇다고 한 뒤 몇 가지를 물어봤습니다. 그랬더니 한 4년 동안 소송을 했고, 결국은 합의해서 서로 쪼가리 땅을 나눠 가졌다고 했습니다. 그러나 결코 화해를 한 것은 아니라며 소리 높여 말했습니다. 그분에게는 아직도 다가구주택 건축주에게 쌓인 감정이 고스란히 남아 있어 보였습니다.

어렴풋이 좋다는 느낌은 오는데 어떻게 처리를 해야 할지 감이 오지 않았습니다. 그때만 해도 저는 철거 소송은 해본 적도 없고, 할 생각도 없었습니다. 좋은 게 좋은 거라고 말로 풀어나가는 것이 가장 효율적인 방법이라고 생각했습니다. 소송이라면 생각만 해도 심장이 벌렁거렸습니다. 그냥 좋기도 하고 나쁘기도 하다는 생각만 왔다 갔다 했습니다.

너무 큰 기대는
아집을 키운다

며칠을 그 물건에 대해 생각하다가 당시 참석하던 모임에서 경매를 아주 오래하신 분에게 넌지시 물었습니다. 그때 그 말을 들어야 했습니다. 그분은 한번 휙 보시더니 경매정보지를 옆으로 밀어놓고 자기 생각에는 별로라고 하셨습니다. 제가 보기에는 자세히 보는 것 같지도 않았습니다. 궁금했던 몇 가지를 더 여쭤보았으나 돌아오는 대답은 똑같았습니다. 좋지 않다는 반응이었습니다. 정말 그때 그만두었어야 했습니다.

제가 계속 아쉬움을 내비치자 그분이 마지막에 한마디를 던졌습니다. 이건 수익이 있을 수도 있지만 정말 오래 갈 각오를 해야 한다는 것이었습니다. 그런데 그 조그만 물건으로 얼마나 수익을 낼 수 있겠느냐고 되물었습니다. 그것으로 끝이었습니다.

그때 그분이 좀 더 상세히 설명을 해줬더라면 저는 더 이상의 미련을 가지지 않았을 것입니다. 하지만 그 당시 저는 그분의 말을 들을 자세도, 실력도 가지고 있지 못했습니다. 상황을 제대로 파악할 능력만 있었다면 의문이 남더라도 투자를 하지 않았을 것입니다. 하지만 아무것도 인지하지 못한 저는 못내 아쉬운 생각을 버리지 못하고 그분과 헤어지며 혼자 생각했습니다.

그때는 아무리 잘하는 사람이라도 개별 물건의 상황을 완벽하게 다 알 수 있는 것은 아니므로 현장을 직접 확인해본 제가 좀 더

잘 알 것이라고만 생각했습니다.

시간이 흘러 두 번 유찰된 지분은 2천만 원 초반대의 가격으로 내려갔습니다. 그리고 3회차 입찰 당일, 저는 여전히 떨리는 가슴을 부여잡고 법원으로 갔습니다. 그리고 법원 앞에서 다시 한 번 그분에게 전화를 걸었습니다.

"지난번에 여쭤봤던 그 물건, 기억하시죠? 입찰을 들어가려 하는데, 혹시 어떻게 생각하세요?"

여전히 긍정적이지 않은 목소리로 그분이 말했습니다. 자기가 보기엔 별로 좋지 않아서 될 수 있으면 안 하는 것도 방법이지만, 굳이 해야 한다면 그냥 낮게 깔아서 들어가보라는 대답이었습니다. 제가 보기엔 너무 좋아서 수익률이 꽤 높을 것 같은데 그 말을 듣자니 너무 아까웠습니다. 어떻게 해야 할지 상당히 고민이 되었습니다. 맘 같아서는 3천만 원 가까이 붙여 쓰고 싶었는데 갈등이 생겼습니다.

막상 법원 앞에서도 별로 좋지 않다는 의견을 듣고 나니 생각이 흔들렸습니다. 30분 정도 고민하다가 최저가에 300만 원 정도만 더 썼습니다. 저를 포함해 세 명이 입찰에 들어왔는데 제가 낙찰을 받았습니다. 헉, 좋다고 생각했지만 막상 낙찰을 받고 보니 떨렸습니다. 낙찰을 받고도 별로 좋지 않은 느낌을 받을 수 있다는 것을 그때 처음 경험해봤습니다. 어쨌든 일은 벌어졌고, 벌어진 일들을 마무리해야 했습니다.

낙찰을 받은 후 바로 현장으로 갔습니다. 무식하면 용감하다고,

하나씩 초인종을 누르며 확인해나가기 시작했습니다. 소유주의 연락처를 알고 싶기도 했고, 앞으로 문제가 생길 것이라는 사실을 세입자들에게도 알려서 불안감을 조성해보려고도 했습니다. 그러다 겨우겨우 1층에 있는 세입자를 만났습니다. 그런데 그 세입자는 경매에 나온 것은 알고 있었지만 별로 신경 쓰지는 않는 모습이었습니다. 제가 낙찰자라고 말하는데도 소유주 연락처만 건네줄 뿐 얼마에 낙찰됐는지, 앞으로 어떻게 되는 건지 전혀 묻지도, 따지지도 않았습니다. 불안해진 저는 집으로 돌아와 세입자와 소유주 명의로 내용증명을 써서 발송했습니다. '낙찰로 인해 다가구주택을 깔고 있는 필지 중 하나의 소유권이 바뀔 것이니 확인하고 앞으로 벌어질 일들에 대해 서로 상의하여 잘 처리해야 할 것이다'라는 정도의 내용이었던 것으로 기억합니다.

내용증명이 도달된 것은 확인했지만, 일주일이 지나도록 연락이 없어서 조바심을 내던 차에 소유주에게서 연락이 왔습니다. 그러면서 왜 잔금도 안 낸 시점에 세입자들에게 함부로 그런 내용증명을 보내느냐고 첫마디부터 시비조였습니다.

저는 벌렁거리는 가슴을 부여잡고 만나서 이야기하자고 했습니다. 만나도 별로 할 말이 없다며 거절하는 소유주를 붙들고 그래도 애타게 만나자고 했습니다. 그러자 그렇게 만나고 싶으면 자기 사무실로 오라고 했습니다.

감당 못할 기대는
금물이다

이틀 후 저는 소유주의 사무실 근처로 찾아갔습니다. 누구나 전화로는 "무슨 새끼, 무슨 새끼" 하며 욕해도 막상 만나면 분위기는 전화로 이야기할 때보다 부드러워질 수밖에 없습니다. 그분은 저를 만나자 마자 대뜸 사무실이 어디냐고 물었습니다. 무슨 말인가 했더니 흔히 개인이 잘 안 하는 특이한 물건을 낙찰 받은 것을 보니 이런 것만 하는 사람 아니냐며 사무실을 내고 하는 사람이 아니냐고 물었습니다. 이는 나중에 이야기하다 보니 알게 된 것이고, 처음 그 질문을 받았을 때에는 질문 자체를 이해하지 못했습니다. 그만큼 저는 어리석었습니다. 능력이 되지도 않는 상태에서 감당이 안 되는 물건을 받은 것이었습니다. 제가 당황하는 모습을 보고 그분은 이미 상황 파악을 끝냈을 것입니다. 지금 생각하면 정말 얼굴이 벌개집니다.

소유주는 자기도 이전 건축주에게 속아서 그 다가구주택을 샀고, 소유권 분쟁으로 인해 여러 해 고생했다며 그 물건에 대해 미련이 없다고 말했습니다. 그러면서 악덕 브로커에게 속아 고생한 이야기를 줄줄 읊었습니다. 하지만 제 귀에는 들리지 않았습니다. 제가 관심 있는 것은, 그래서 이 땅을 얼마에 되살 것이냐 하는 것이었습니다.

그런데 이 사람은 자기에게 그 땅이 필요한 것은 맞으나 비싸게 살 생각은 전혀 없다고 했습니다. 한 번 더 떨어지면 살 의향은 있지만 제가 낙찰 받은 그 가격에는 턱도 없다고 했습니다. 그러면서 철거 소송을 할 테면 얼마든지 해보라고, 준비하고 있겠다고 했습니다. 이전의 건축주와 오래 소송을 해서 지긋지긋하지만, 그때 자기도 많이 배웠다며 기꺼이 해보겠다고 했습니다. 그러면서 당신은 어차피 철거가 목적이 아니고 그 땅을 되파는 것이 목적이 아니냐고 하는 것이었습니다. 그러면서 손쉽게 되사줄 생각이 없다고 분명히 밝혔습니다.

저는 그때 너무 무지했습니다. 그리고 용기도 없었습니다. 이제 와서 고백하지만 저는 무섭기도 했습니다. 정말 난감했습니다. 처음부터 일관되게 별로라고 조언을 해주시던 그분의 말씀이 자꾸만 떠올랐습니다. 그 분이 조언을 할 때 제가 귀를 막고 있었던 것은 아마도 제 기대감을 잃고 싶지 않았기 때문인지도 모르겠습니다.

이 물건의 진행에 대해 더 언급하는 것은 무의미한 듯 보입니다. 제가 이야기하고 싶었던 것은 이 경매의 상세한 진행 과정이 아니라 기대를 무너뜨리는 실망감이 어떤 것인지에 대한 설명이었으니 말입니다. 기대가 크면 당연히 실망도 큰 법입니다. 결국 저는 여기서 손해를 봤습니다. 보증금을 고스란히 날려야 했던 것입니다. 준비되어 있는 양반을 상대하기에는 제가 가진 패가 너무 뻔했습니다. 그리고 그때 저는 제가 가진 패가 어디에 있는지도 몰랐습니다.

아무 기대도 하지 말라는 것은 기계가 되라는 말과 같습니다. 감정을 가진 사람인데 어떻게 기대하는 자기 감정이 없을 수 있겠습니까? 노력에 따라 감정 조절은 가능하겠지만 모든 기대를 다 없애지는 못할 것입니다. 그래서 저도 매번 노력하지만 매번 실망합니다. 그러면서 또 기대합니다. 두 번 다시 기대하지 않겠다고 말입니다.

그래도 결국엔
부동산경매다

　수익은 고사하고 낙찰의 여운이 채 가시지도 않은 상태에서 법원 앞마당에서 점유자와 시비가 붙었습니다. 왜 이딴 짓을 하고 다니며 선량한 사람을 엿 먹이느냐고 저를 욕했습니다.
　점유자가 입찰에 참여하는 이유는 대부분 똑같습니다. 돈을 빌려 쓰고서 감당하지 못하게 생겼으니 채무를 세탁하려고 하는 것입니다. 제가 다른 사람에 대해 판단하고 평가할 권한은 없습니다. 그러나 그런 조건에서 같이 입찰해 제가 낙찰을 받으면 가끔씩 상대가 고성을 지르기도 합니다. 그리고 말끝에 "두고 보자"는 소리를 남기기도 합니다. 하지만 시간이 지날수록 초조해지는 것은 상대방입니다. 어찌 보면 일부러 경매에 들어가도록 조장 내지 방조를 했던 사람들이라 별로 동정심이 가지는 않습니다. 그리고 그날 저에게 소리를 지르는 그 사람도 마찬가지 상황이었습니다. 추측이긴 했지만 소리를 지르는 사람의 표정과 몸짓을 보니 그러한 정황은 사실로 굳어지고 있었습니다.

예전에는 교통사고가 나면 목소리 큰 사람이 이기는 경우가 많았다지만, 이제는 블랙박스로 인해 더 이상 목소리 큰 사람이 이기는 시대가 아닙니다. 부동산경매도 그렇습니다. 이제는 목소리 큰 사람보다 누가 얼마나 법을 제대로 알고, 제대로 대처하는가에 따라 승부가 갈립니다.

큰 목소리, 윽박지르는 말투, 그리고 때릴 듯 덤벼드는 기세에 여전히 기운이 빠지고 겁도 납니다. 하지만 이제는 더 이상 그런 것에 좌우되어 제 권리를 못 찾거나 당황하는 일은 없어졌습니다. 제가 해야 할 일은 상황을 최대한 깔끔하게 정리하는 것입니다. 단지 얼마나 깔끔하게, 그리고 재빨리 정리하느냐가 중요할 뿐입니다. 모든 일이란 시작이 있으면 마무리가 있는 법입니다. 마무리를 하는 날도 저는 그 마무리를 위해 새로운 시작을 합니다.

상대의 위협적인 말투는 사라지는 순간까지도 계속되었습니다. 이제 그런 목소리에 익숙해질 때도 되었건만, 곱게 자란 저는 가벼이 넘겨지질 못합니다. 상대가 제 부모님까지 들먹일 때에는 정말 그렇습니다.

낙찰을 받은 지 일주일도 안 지났을 무렵 부재중 전화가 와 있고 음성메시지가 와 있었습니다. 음성 확인해보니 저를 윽박지르는 내용이었습니다.

"×새끼, 니가 뭔데 지랄이냐? 내가 너 같은 것들 그냥 날려버린다…. 두고 봐라…, 이런 ××새끼….”

줄잡아 약 1분 동안 이게 말인지, 욕인지 모를 대사가 한가득 이어지더니 갑자기 뚝 끊겼습니다. 아마도 녹음 시간이 완료된 줄도 모르고 그 양반은 한참을 더 주옥같은 명대사를 읊었을 것입니다. 부동산경매로 집을 날리게 생겼으니 이해가 안 되는 것도 아니었습니다. 그 근본 원인은 본인에게 있겠지만 자기 자신을 고소할 수도 없는 노릇이니 묻지도 따지지도 않고 화풀이할 대상이 필요했을 것입니다. 낙찰자라는 위치는 그 화풀이 대상으로 삼기에 참 좋습니다. 화풀이하기 좋은 조건에 놓여 있는 만큼 항상 불의의 습격을 받을 확률이 높기도 합니다.

부동산경매로 전문가에 도전하라

제가 부동산경매에 처음 관심을 가졌을 때가 생각납니다. 당시 저는 부동산정보업체에서 근무하고 있었고, 부동산중개를 해본 경험도 있었습니다. 그때까지 저는 부동산 관련 일에 총 7~8년 정도의 경험을 가지고 있었습니다. 그런데 어느 날 문득 제가 부동산에 대해 얼마나 알고 있나 하는 생각이 들었습니다. 생각해보니 저는 실무적인 부동산지식이 거의 없었습니다. 부동산에 대해 아는 척만 했을 뿐 뭐 하나 제대로 아는 게 없었습니다.

당시 제가 알던 부동산 관련 지식은 제가 속했던 조직을 떠나면 거의 다 소용없는 것들이었습니다. 부동산정보업체에서 근무하다 보니 신문에 수시로 얼굴이 실리고, 시장 전망에 대해 인터뷰하고, 또 세미나에서 시세의 등락과 유망지역에 대해 발표하는 사람들이 바로 옆에서 근무를 했습니다. 그분들을 아직도 대단하게 생각합니다. 그들은 복잡한 시장 상황 속에서 핵심을 캐내고, 그 핵심을 조리 있게 전달하는 부동산 전문가였습니다. 저도 그렇게 되고 싶었습니다. 그들처럼 유명해지고 싶은 것이 아니라 부동산에 대해 잘 알고 싶었습니다. 나름의 전문가가 되고 싶었던 것입니다.

하지만 제가 그분들처럼 전국적인 유명세를 타는 사람이 될 가능성은 거의 없었고, 또 그렇게 유명한 사람이 되고 싶은 생각도 없었습니다. 단지 저는 실전에서 통할 수 있는 부동산 관련 실무에 대해 잘 알고 싶을 뿐이었습니다. 조직을 등에 업은 전문가가 아닌 밑바닥을 겪으며 실전에서 하나씩 쌓아 올려 자신만이 갖출 수 있는 부동산지식을 가진 전문가 말입니다.

그런 고민 끝에 저는 실무 전문가가 될 수 있는 방법으로 부동산경매를 선택했습니다. 막연하게 생각해도 매력적인 일이었습니다. 한 번 익히면 평생 활용할 수 있는 지식, 그리고 그 지식을 통해 재산 증식도 가능한 일이 바로 부동산경매였습니다.

부동산경매를 하게 되면 나름대로 시장에서 전문가라 불리는 사람들과 차별화하고, 조직을 떠나서도 나름의 무게감을 가지는

전문가가 될 수 있을 것 같았습니다. 이후 꽤 여러 차례 부동산경매 교육을 들었습니다. 권리분석부터 시작해 법원 견학과 좋은 물건 고르는 법, 또 다양한 성공사례 등 어느 하나 저에게 도움이 되지 않는 것이 없었습니다.

재미도 있었습니다. 새로운 것을 알아간다는 기쁨과 실전적인 지식을 쌓아간다는 즐거움이 컸습니다. 하지만 부동산경매를 몇 개월씩 배워도 그뿐이었습니다. 이론으로 배운 것을 현실에 적용해보기란 그리 쉬운 일이 아니었습니다. 표면적으로는 시간이 없다는 것이 가장 그럴싸한 핑계였지만 사실은 적극성의 문제, 즉 새로운 것에 도전한다는 두려움을 극복하는 것이 가장 큰 문제였습니다. 그리고 그 두려움은 제가 정말 힘들어 거의 막판에 몰리기까지 꽤 상당 기간 동안 저를 지배했습니다. 그 지배를 벗어나는 길은 결국 첫 경험이었습니다.

경험이 최고의 자산이다

첫 경험을 하고 나자 제 두려움은 어느 정도 사라졌지만, 오랜 시간이 흐른 지금도 저는 여전히 그 두려움을 가지고 있습니다. 어쩌면 부동산경매를 하는 사람들이 숙명적으로 함께할 수밖에 없는 것이 두려움일지도 모르겠습니다.

저에게서 떨어지지 않고 매 순간 제 생각을 갉아먹는 그 두려움이라는 존재가 항상 제 옆에 있기에 제가 정신을 바짝 차리고 경매를 할 수 있지 않나 싶기도 합니다. 매번 새로운 입찰과 함께 두려움이란 놈이 찾아와 저를 긴장시키고 생각을 흔들지만 마무리되는 순간 이렇게 속삭입니다.

'너 정말 대단하다. 내가 붙어 있는데도 그걸 이겨내다니.'

그리고 마무리 뒤 그 두려움이라는 놈이 사라지며 또 한마디를 던집니다.

'두고 봐. 난 다시 돌아온다. 기대해. 그때는 각오해야 할 거야.'

그놈은 저를 긴장 속으로 몰아넣었다가 떠나며 짜릿한 쾌감을 줍니다. 하지만 항상 경고하는 것을 잊지 않습니다. 징그러우면서도 참 고마운 놈이기도 합니다. 항상 미리 경고를 해주니 말입니다. 그놈과의 승부에서 지지 않기 위해 저는 항상 긴장을 합니다. 그러나 지지 않게 해달라고 빌지는 않습니다. 언제고 질 수는 있는 일이라고 생각하기 때문입니다. 대신 간절히 원합니다. 제가 지는 순간을 이겨낼 수 있는 힘을 갖게 해달라고 말입니다. 아주 가끔 질 수는 있습니다. 하지만 그 한 번의 패배로 자신감까지 잃어버려서는 안 됩니다. 지는 것을 받아들이는 동시에 그 순간을 반드시 이겨내야 합니다.

저는 경매판에서 너무나 많은 것들을 배우고 얻고 있습니다. 또 운이 좋게도 경매판에서 잃어버린 것보다 얻은 것이 비교도 할 수 없을 만큼 많습니다. 어지러운 경매판에서 저처럼 운 좋은 사람이

즉시 팔고 바로 버는 부동산경매 단기투자 2

또 있을까 싶은 생각도 듭니다. 저 역시 뛰어들기 전에는 확신할 수 없었습니다. 시작도 하기 전에 이미 좋지 않은 이야기를 너무 많이 들었기에 과연 제가 살아남을지 확신할 수 없었습니다.

'부동산경매를 하려면 돈이 많아야 한다.'

'부동산경매는 엄청 힘들고 욕도 많이 먹는다.'

'부동산경매를 했다가 투자를 잘못해서 돈 잃는 사람들도 굉장히 많다.'

갖가지 안 좋은 말들이 부동산경매를 둘러싸고 있습니다. 그런 상황에서 부동산경매를 시작한다는 것 자체가 스트레스입니다. 제가 부동산경매를 처음 하겠다고 했을 때에도 이미 제 주변에는 저를 주저앉히려는 무수히 많은 소문들이 자리 잡고 있었습니다. 제가 부동산경매를 하겠다고 하자 제 주변의 거의 모든 사람들이 "네가 뭐가 아쉬워서 그런 일을 하려고 하느냐?"며 말렸습니다. 그럼에도 불구하고 부동산경매는 이제까지 제가 선택한 일 중 가장 잘한 것이라고 생각합니다.

경매판에 뛰어들려고 할 때 가장 큰 적은 바로 주변입니다. 그만큼 부동산경매는 아직도 만만치 않은 재테크로 인식되고 있습니다. 이를 극복하는 것이 경매판에 진입한 우리가 가장 첫 번째로 이겨내야 할 일입니다. 하지만, 그럼에도 불구하고 제가 아는 경매판은 그럴 만한 가치가 있습니다. 그것이 여전히 제가 경매판에 발을 디디고 서 있는 이유이기도 합니다.

부동산경매 단기투자
알짜배기 특강 04

단기투자 물건
검색 비법

《즉시 팔고 바로 버는 부동산경매 단기투자》 1편에서 저는 단기투자물건 검색 비법 3가지를 언급했습니다. 그 3가지를 중심으로 좀 더 확장해서 단기투자가 가능한 물건을 찾는 방법을 여기에 풀어놓고자 합니다.

비법 ①
감정적인 가치마저 읽어라!

단기투자가 가능하려면 우리가 매수하는 부동산이 누군가에게 꼭 필요한 부동산이어야 합니다. 그렇다면 그런 부동산이 가져야 할 기본 조건이 있을 것입니다. 우리가 알아야 할 것은 바로 그 기본 조건입니다. 거기에서부터 단기에 매도가 가능한 투자가 시작됩니다.

단기투자의 주요 대상은 법정지상권과 얽혀 있는 토지입니다. 즉, 토지만 부동산경매에 나왔는데 그 위에 부동산경매에서 제외되는 건물이 있는 경우입니다. 토지가 없으면 건물이 존재할 수가 없으므로 건물 소유주 입장에서는 토지가 반드시 필요합니다. 이때 단기투자의 성공 가능성이 보다 높아지려면 건물의 가치가 토지의 가치보다 훨씬 커야 합니다. 만약 건물이 허름하다면 건물주 입장에서는 비싼 값으로 토지를 매수하기보다 차라리 건물을 포기하고 말 것입니다.

단, 건물이 허름해도 건물주가 토지를 사는 경우가 있습니다. 건물의 절대적인 가치가 높지 않고 허름해도, 해당 건물이 소유주에게 감정적으로 많은 의미를 가지고 있는 경우가 있을 수 있습니다. 다시 말하면 해당 지역과 해당 건물이 소유주의 고향이거나 오래 거주한 곳이면 그럴 수 있습니다. 이런 경우에는 건물의 물리적인 가치와 상관없이 건물주가 어떤 값을 치르더라도 토지를 다시 사려고 할 것입니다. 그러니 건물이 좋다고 무조건 투자할 것이 아니라 건물이나 투자 대상인 토지가 상대방의 입장에서 어떤 감정적인 가치를 지니는지도 함께 파악해 봐야 합니다.

단순히 건물의 물리적인 가치가 높은 것을 쫓아 투자를 한다면 매수하는 가격만 높아지고, 협상도 제대로 이루어지지 않아서 힘들어집니다. 매수하는 투자자나 되사야 하는 상대방 입장 모두 협상을 시작하기도 전에 원만한 합의가 이루어지기 어렵습니다. 상대방에게 필요한 부동산이라고 해서 덮어놓고 매수하고 보자는 식의 투자는 결코 좋은 수익을 내기 어렵습니다. 그러니 건물의 절대적인 가치도 좋지만, 감정적인 가치도 함께 고려해서 적정한 수준의 투자 물건을 찾고, 적당한 수준의 가격으로 매수하는 것이 최선입니다.

비법 ②
불가피한 물건을 찾아라!

단기투자가 가능한 물건은 모두 크든 작든 주변 부동산에 영향을 미치는 부동산입니다. 영향을 미치는 크기 정도에 따라 단기투자의 가능성도 달라집니다. 당연하게도 영향력이 크면 클수록 단기투자의 성공 가능성도 높아집니다.

부동산경매에 나오는 물건이 그런 영향력을 가졌다는 걸 상대방도 모를 리 없습니다. 여유가 있다면 절대 부동산경매에 나오게 만들지 않았을 겁니다. 그럼에도 불구하고, 부동산경매에 나온 것은 피치 못할 사정이 있었기 때문입니다. 그 사정 중 가장 큰 것이 바로 감당하지 못할 정도로 많아져 버린 대출금인 경우가 많습니다. 처음 돈을 빌릴 때의 의도와 다르게 점점 커져서 스스로의 능력으로 해결하지 못할 정도가 된 빚 때문에 잃어버려서는 안 되는 물건을 부동산경매에 나오게 한 것입니다.

이런 불가피한 사정으로 인해 비록 부동산경매에 들어가게 됐지만, 상대방은 해당 부동산을 반드시 되찾아야 합니다. 그 부동산이 없으면 나머지 부동산들도 제 가치를 잃게 되기 때문입니다. 여기서의 나머지 부동산이란 [제시 외]가 되어 부동산경매에 나오지 않은 건물 혹은 본인의 명의가 아닌 다른 가족의 명의로 된 주변 부동산을 말합니다. 부동산경매에 나온 부동산을 되찾으면 나머지 부동산은 원래의 가치를 회복할 수 있습니다. 그러니 반드시 부동산경매에 나온 부동산을 사야 합니다.

투자자로서는 주변 부동산에 그런 가치를 부여하는 부동산을 찾아서 투자해야 합니다. 그런 부동산은 대체로 근저당 및 가압류 등의 빚이 다량 등기되어 있습니다. 토지 감정가격의 몇 배를 넘는 빚이 있어서 도저히 정상적인 방법으로는 빚을 없앨 수가 없기에 상대방은 부동산경매의 힘을 빌려 빚을 세탁하려 합니다. 비정상적인 방법이긴 하지만, 안 좋은 상황에 처한 상대방 입장에선 이것이 선택할 수 있는 최선의 방법일지도 모릅니다. 그러므로 이런 상황이라면 토지에 등재된 채무는 토지가격보다 최소 수 배는 높아야 합니다. 빚이 적은데도 부동산경매에 나온 것이라면 상대방은 진짜 돈이 없을 확률이 높으니 투자해서는 안 됩니다.

비법 ③
사해행위와 취하 흔적을 찾아라!

단기투자의 대상이 되는 부동산의 원 소유주는 해당 부동산이 가진 영향력을 누구보다 잘 아는 사람입니다. 그러므로 가능하면 해당 부동산이 부동산경매에 넘어가지 않도록 최선의 노력을 기울입니다.

이를 위한 대표적인 것이 사해행위라는 것입니다. 사해행위란 빚을 진 사람

이 자신의 자산을 빼앗기지 않기 위해 다른 이에게 고의로 몰래 이전시켜서 자신의 재산이 없는 것처럼 만드는 행위를 말합니다. 통상 현금채권과 같은 것은 사해행위를 잡아내기 어렵지만, 부동산은 흔적이 남기 때문에 채권자로부터 사해행위 취소처분을 받아 원 소유주에게 명의가 돌아오는 경우가 있습니다. 이런 흔적이 있는 부동산은 원 소유주가 해당 부동산의 영향력을 잘 알고 있는 경우입니다. 원 소유주의 이런 행위는 중요한 부동산을 다른 사람에게 빼앗기지 않으려고 한 것이므로 투자자에게는 좋은 단기투자 대상이 될 수 있습니다. 원 소유주가 해당 부동산의 영향력을 잘 알기에 이런 흔적이 있는 부동산은 쉽게 합의가 가능하고, 또 단기에 수익을 낼 수 있습니다.

또 다른 대표적인 것으로는 부동산경매의 취하 흔적이 있습니다. 이전에 부동산경매 집행에 들어갔다가 취하를 시킨 흔적이 있는 것은 원 소유주의 해당 부동산에 대한 애착 정도를 나타냅니다. 동시에 해당 부동산이 가진 영향력도 잘 알고 있기에 부동산경매에 들어가는 것을 막은 것입니다. 이는 원 소유주가 해당 부동산을 얼마나 귀하게 생각하는지 알 수 있는 내용입니다. 그래서 해당 부동산을 다른 사람이 낙찰 받으면 최대한 빠른 시일 내에 다시 되 사려고 하게 됩니다. 단, 이전에 부동산경매에 들어갔다가 취하한 흔적이 있는데 다시 나온 것은 상대방이 돈이 없는 경우일 수도 있으므로 이 점을 유의해서 살펴봐야 합니다.

비법 ④
채무 건수를 살펴라!

단기투자용 부동산은 등기부에 기재된 채무 건수가 적을수록 좋습니다. 또 건당 채무금액은 클수록 좋습니다. 부동산의 이력은 관련 공부에 다 기재되어 있습니다. 그리고 해당 부동산은 소유하고 있는 사람의 특성을 반영합니다. 예를 들어 남의 돈을 자주 빌려 쓰는 사람이면 부동산 등기부가 각종 근저당 및 가압류로 지저분할 것입니다. 반대의 경우라면 상대적으로 공부가 깨끗할 것입니다.

채무 건수가 적거나 없으면 해당 부동산의 소유주는 평소 돈 여유가 있고, 남의 돈 쓰는 것을 그다지 좋아하지 않는 사람일 확률이 높습니다. 이런 부류의 사람인 경우 피치 못할 사정으로 부동산이 경매 집행되기는 했지만, 기회가 되면 해당 부동산을 반드시 되살 유형입니다. 평소 남의 신세지는 것을 어려워하고, 남의 돈 쓰는 걸 좋아하지 않는 사람이기에 협상에서도 자신의 불리한 상황을 충분히 인지하고 있습니다. 그러니 상대적으로 쉽게 되파는 협의가 이뤄질 수 있습니다. 이런 유형의 사람은 당장 자신이 가진 돈이 없어도 평소 신뢰를 얻고 있기에 어렵지 않게 주변에서 도움을 얻어 부동산을 되살 수 있습니다.

이 같은 여러 내용들을 중복해서 검토하고, 세밀하게 검토해야 합니다. 무엇보다 중요한 것은 이러한 여러 가지 흔적들이 나타나 있는지 여부가 아니라 부동산경매에 나온 부동산이 주변에 얼마나 큰 영향력을 발휘하고 있는지 여부입니다.

단기투자에 적정한 여러 조건을 가지고 있다고 해도 되살 사람이 없다면 매수해서는 안 됩니다. 또한 여기서 제시되는 조건과 맞는 것이 하나도 없더라도 상대방의 의지에 따라서 단기투자가 가능할 수도 있습니다. 단기투자는 단편적인 조건들을 가지고 판단해서는 안 됩니다. 해당 부동산을 둘러싼 모든 여건들을 종합적으로 검토하고, 결론을 내야 합니다. 그래도 좋은 단기투자를 할 수 있을지 여부는 물건마다 달라지게 됩니다.

비법 ⑤
귀하게 아낀 물건을 찾아라!

부동산경매는 한 번의 투자로 끝나는 재테크가 아닙니다. 한번 시작하게 되면 평생을 두고 해 나가야 하는 승부입니다. 그러므로 투자 건마다 욕심을 부리기보다는 그저 최선을 다하는 투자를 하도록 노력해야 합니다.

내가 매수하려는 부동산을 누군가 사려는 사람이 있다면 그런 사실은 물건과 관련된 서류를 잘 살펴보기만 하면 알 수 있습니다. 단기투자 물건은 주변 부동산에 큰 영향력을 가지고 있습니다. 그런 이유로 원 소유주는 부동산경매에 나온 물건을 귀하게 여깁니다. 그런 흔적은 관련 공부에 잘 나타나 있습니다. 쉽게 단기투자를 할 수 있는 부동산일수록 그런 흔적이 잘 나타나 있습니다. 우리가 해야 할 일은 그런 흔적을 찾는 일입니다.

그런 부동산은 대출을 중복해서 받은 흔적이 많지 않습니다. 또 대출을 받았다고 해도 최대한 빠른 시일 내에 대출을 갚고, 흔적을 지웁니다. 피치 못할 사정으로 부동산경매 집행에 들어갈 경우 관련 서류를 즉시 수령하고, 먼저 나서서 사건의 진행상황을 파악하려 합니다. 이런 사실들은 부동산경매가 진행되는 관련 서류들을 제대로 확인하면 누구나 다 알 수 있는 내용들입니다.

그런 내용들을 체계적으로 분석해서 정보화 하는 사람은 이를 이용해 돈을 벌고, 그냥 그런가 보다 하고 지나치는 사람은 거기에서 끝입니다. 누구에게는 돈이 되는 정보가 누구에게는 그냥 흘러가는 내용입니다.

부동산경매를 이용한 단기투자는 세상에 없던 투자가 아닙니다. 단기투자는 법원에서 누구나 열람할 수 있도록 주어진 서류들을 체계적으로 분석해 만들어내는 새로운 수익 창출의 기회인 것입니다. 얼마나 효율적으로 각종 공부를 분석하고 투자하는지 여부에 따라 단기투자는 우리에게 새로운 기회가 될 수도 있고, 그저 그런 또 하나의 투자방법론이 될 수도 있습니다.

누구든 법원 서류를 검토하고 이를 해석하는 기법만 제대로 익히면 단기투자를 할 수 있고, 수익도 얻을 수 있습니다. 이런 서류분석 중심의 단기투자 기법은 그리 어려운 것도 아닙니다. 얼마나 노력하는가에 따라 꾸준히 시도하는가에 따라 단기투자는 더 잘 될 수 있고, 더 많은 수익을 가져다 줄 수 있습니다.

다만, 제대로 공부하고, 경험을 쌓지 않으면 단기투자에 실패하고 손해를 입게 됩니다. 위험관리는 모든 투자에서 가장 중요한 요소입니다. 단기투자에서도 위험관리는 참 중요합니다. 제대로 투자기법을 익히고 투자하지 않으면 큰 위험을 겪을 수도 있습니다. 돈을 벌 것 같다고 무작정 투자해서는 안 됩니다. 하나를 익히더라도 철저하게 곱씹어서 제대로 익혀야 성공 가능성이 높아지게 됩니다.

모든 자료를 꼼꼼하게 검토하더라도 해석하는 방법이 틀리면 좋은 결과를 기대하기 어렵습니다. 이 모든 것이 종합적으로 검토되고, 해석되어야 좋은 투자 결과를 얻을 수 있게 됩니다. 모쪼록 단기투자를 너무 어렵게 생각하지도, 너무 쉽게 생각하지도 말고, 그저 평생을 두고, 꾸준히 해나가야 할 투자라고 생각하고, 도전해 보길 바랍니다. 꾸준히 해 나가면 단기투자는 우리에게 좋은 투자 결과를 안겨주게 될 것입니다.

부록

부동산경매 단기투자로
돈 버는 5가지 원칙

부동산경매는 특정 부류의 전유물이 아닙니다. 열심히 한다고 해서 누구나 잘할 수 있는 것은 아니지만, 그 노력에 나름의 요령을 더하면 분명 잘하는 방법을 깨달을 수 있습니다. 저도 실무를 하며 알게 된 나름의 방법이 있습니다. 제가 깨달은 방법이 누구에게나 효과가 있는 것은 아니겠지만, 그래도 조금이나마 도움이 될 것이라고 생각합니다. 제가 제안하는 방법이 마음에 들면 적용해 보고, 아니면 그냥 지나치면 됩니다.

우선 제가 부동산경매를 잘할 수 있는 방법으로 생각하는 것은 크게 다섯 가지 정도입니다. 이것이 부동산경매를 잘했으면 좋겠다고 생각하는 분이나 시작한 지 얼마 되지 않은 분들에게 조금이라도 도움이 되었으면 하고 바랍니다.

01
부동산경매 단기투자의 룰을 제대로 익혀라

부동산경매는 일정한 룰에 의해 진행되는 게임입니다. 그러므로 부동산경매를 하려면 룰부터 제대로 익혀야 합니다.

여기서 말하는 룰이란 단순한 권리분석이 아닌 부동산경매 진행 과정 전체 흐름을 의미합니다. 부동산경매를 처음 경험하는 분들은 보통 권리분석 정도만 공부하고 시작하기 때문에 전체 흐름을 따라가지 못해 애를 먹는 경우가 많습니다. 부동산경매를 가르치는 곳에서도 대부분 기본적인 내용만 알려주고 나머지는 실전으로 투자를 하면서 익히는 것이 좋다고 이야기합니다.

그것이 틀린 이야기는 아닙니다. 하지만 세상 어느 분야나 큰 틀의 규칙이 있고, 그 규칙에 따른 세부 규정들이 있습니다. 그런 세세한 규정을 시작단계에서부터 다 알 필요는 없지만, 실제 투자를 하기 전에 전체 진행과정과 흐름만큼은 꼭 파악해두어야 합니다. 그래야만 자신이 투자의 어느 과정에 있고, 앞으로 어떻게 진행해야 좀 더 효율적으로 투자를 마무리할 수 있을지 가늠하게 됩니다.

권리분석이란 그저 하나의 규정일 뿐입니다. 규정만 알아도 투자하는 것에는 큰 문제가 없지만, 부동산경매를 앞으로 꾸준히 할 생각이라면 단순한 규정보다는 전체적인 흐름을 꿰뚫어 보는 시각을 갖추어야 합니다. 그래야 효율성이 좋아지고, 투자를 좀 더 잘할 수 있습니다.

부동산경매 투자를 하는 사람들은 흔히 투자가 잘 진행됐고, 그래서 돈을 번 것 같았는데 나중에 확인해보면 수익이 거의 없다는 말을 합니다. 이를 속된 말로 "앞으로 남고 뒤로 깨진다"고 표현합니다. 이렇게 되는 이유는 투자물건 그 자체에만 신경을 쓰고 전체적인 투자관리를 하지 못했기 때문입니다.

전체 투자관리를 한다는 것은 비용관리에서부터 시작해서 어느 단계에서 시간을 절약하고, 또 힘을 집중시켜야 하는지와 같은 세부적인 행동방식까지 모두 포함합니다. 이러한 투자계획을 짜고 그 흐름을 제대로 관리하지 않으면 수익을 거두기 어렵습니다. 처음 경매를 하는 사람들은 대부분 세부 규정인 권리분석만 잘 알고 이러한 투자관리는 하지 않아서 어려움을 겪습니다.

부동산경매를 가르치는 곳에서도 제일 먼저 경매 진행 절차부터 가르치는데 처음 교육을 받는 입장에서는 절차를 그저 별것 아닌 것으로 여기고 권리분석을 공부하는 데에만 굉장한 관심을 쏟습니다.

　이는 슈팅게임을 할 때 게임의 룰도 모르면서 총 쏘는 방법만 배우는 것과 같습니다. 룰을 모르면 아무리 총을 잘 쏴도 높은 점수를 받지 못하고 금방 끝날 수밖에 없습니다. 그러므로 게임을 잘할 수 없고 재미가 없어지는 것은 당연합니다. 부동산경매도 이와 똑같습니다. 권리분석도 중요하지만 전체 룰을 제대로 모르면 재미도 없고 수익은커녕 손해만 보게 되어 결국 투자를 그만두게 됩니다.

　부동산경매를 잘하려면 먼저 전체를 아우르는 룰을 제대로 익혀야 합니다. 룰만 제대로 익혀도 반은 성공한 것이나 다름없으므로 본격적인 투자를 하기 전에 반드시 룰을 정확하게 익히는 것이 좋습니다.

　룰을 정확히 그리고 충분히 익히고 나면 실전의 반복을 통해 그 룰을 자기 것으로 완벽히 만들면 됩니다. 그러면 부동산경매로 돈을 벌 수 있습니다. 어떤 분야든 노력 앞에 이기는 장사는 없습니다. 단, 정확한 룰을 알고 익혀야 헛수고를 하지 않으므로 정확한 룰을 제대로 익히는 것부터 시작하시길 바랍니다. 그것이 경매를 잘할 수 있는 첫 번째 방법입니다.

02
부동산경매 투자방법을 명확하게 정하라

부동산경매를 하는 데 거창한 이유나 목적을 댈 필요는 없습니다. 부동산경매를 하는 가장 큰 목적은 돈을 버는 것입니다. 이는 너무나 자연스럽고 당연한 일입니다. 하지만 그것을 굳이 목적으로 삼아야 할지는 좀 생각해봐야 할 문제입니다.

우리가 직장을 다니는 것은 월급을 주기 때문입니다. 아무리 그 일이 재미있고 신나도 월급 없이 공짜로 일할 사람은 없습니다. 부동산경매도 마찬가지의 경우라 할 수 있습니다. 아무리 재미있고 부동산경매가 좋다고 해도 수익이 없는 상태로 평생 그 일을 할 수는 없습니다. 부동산경매를 처음 시도해봤다가 포기하는 사람들의 문제가 대부분 여기에 있습니다. 돈을 버는 것이 당연한데도 오로지 그것만 목적으로 삼고 있으니 그 밖의 것들에 대해 진지하게 생각하지 못하는 것입니다.

부동산경매를 잘하려면 자신이 하고자 하는 방식이나 투자하고자 하는 물건유형부터 명확하게 설정해야 합니다. 부동산경매는 물건별, 지역별로 다양한 종류가 있습니다. 또 단기투자 혹은 장기투자 등 그 투자형태도 다양합니다. 세부적으로 보자면 이렇게 다양한 투자유형이 있는데 그저 돈만 되면 다 한다는 생각으로 부동산경매에 뛰어든다는 것은 미련한 짓입니다.

처음 시작할 때 자신이 원하는 투자유형을 명확히 결정해서 그런 투자방식을 꾸준히 시도해야 합니다. 무엇이든 경험보다 나은 스승은 없다고 했습니다. 일단 하나의 투자유형을 택해 꾸준히 시도하고, 자신만의 투자유형을 갖추어야 합니다. 그것이 부동산경매로 돈을 벌 수 있는 가장 좋은 방법입니다.

그저 누군가 좋은 방법이 있다고 하면 이리저리 따라다니며 이를 흉내 내는 것만으로는 경매판에서 오래 버틸 수가 없습니다. 부동산경매에는 다양한 물건과 다양한 투자방법이 존재하지만, 우리 개개인이 그런 다양성에 하나하나 대응할 수는 없습니다. 그러므로 관심분야를 한정시키고, 그 한정된 물건의 종류 및 지역 안에서 자신의 경험을 축적시켜야 합니다.

그러면 자연스레 자신의 외연이 넓혀지게 됩니다. 그때는 본인이 원하지 않아도 투자 대상이나 종류가 늘어나게 될 것입니다. 그 시기가 언제인지는 본인이 스스로 느끼는 때가 있을 것이므로 조바심을 낼 필요 없습니다. 묵묵히 걷다 보면 새로운 길이 열리게 마련입니다. 그 길은 경험을 통해 열리기에 지금 당장 아무것도 해보지 않은 상태에서 욕심만 낸다고 갈 수는 없습니다. 처음부터 욕심을 내지 말아야 합니다. 돈만 되면 다 하겠다는 욕심으로 나아가다가는 나락으로 떨어지기 쉽습니다. 작고 좁은 길이라도 쉬지 않고 꾸준히 걷다 보면 어느 순간 새로운 길이 보일 것입니다.

03
나 자신에게 맞는 물건부터 파악하라

    부동산경매는 먼저 나 자신의 특성을 잘 파악한 뒤 시작해야 합니다. 부동산경매를 하기 위해서는 어떤 물건이 투자하기 좋은지, 어떻게 해야 수익이 많이 날 것인지보다 자신이 어떤 물건에 잘 맞는지부터 신중하게 생각해봐야 합니다. 물건의 종류가 다양하고 투자방법도 다양한데 무작정 좋은 물건만 찾는다고 수익을 낼 수 있는 것은 아닙니다. 좋은 물건이란 호재를 가지고 있거나 많은 수익이 예상되거나 저평가된 물건이 아닙니다. 제가 생각하는 좋은 물건이란 자신과 궁합이 잘 맞는 물건입니다.

    처음 시작할 때 아무리 좋은 수익이 예상된다고 해도 거기에 몇 억씩 투자할 수는 없습니다. 또한 누구도 해보지 않았기에 좋은 수익이 날지 어떨지 확신하기 어렵습니다. 부동산경매에서 가장 믿을 수 있는 사람은 바로 자신입니다. 자기 자신이 추천하는 물건이 가장 좋은 물건입니다. 일단 낙찰을 받으면 해결에 최선을 다해 스스로에게 좋은 물건임을 증명시켜야 합니다.

임대수익을 최우선으로 생각하는 사람에게 단기에 수익을 올릴 수 있는 물건을 아무리 설명한들 별 관심이 없을 수밖에 없습니다. 그 사람이 원하는 것은 투자한 뒤 매월 일정액의 수익이 지속적으로 발생하는 구조이지 한 번에 수익을 얻고 마는 그런 형태가 아니기 때문입니다. 따라서 시작 단계에서는 무작정 좋은 물건만을 찾아 헤맬 것이 아니라 자기 자신이 어떤 종류의 물건에 맞는지, 또 단기투자를 선호하는지, 아니면 임대수익을 추구하는지 충분히 생각하고 투자를 해야 합니다.

평소 시간 여유가 있으면 근거리 외에 지방까지도 투자대상 지역으로 둘 수 있겠지만, 그렇지 못하다면 그 거리는 평소 활동반경 수준이 될 수밖에 없습니다. 투자물건 종류의 경우 평소 맺고 끊는 게 분명한 성품이라면 단기투자 형태가 맞을 수도 있고, 평소에 시간을 많이 낼 수 없고 상대적으로 자금 여유가 좀 있다면 장기투자 형태가 맞을 수도 있습니다. 이 모든 것은 자기 자신에 대해 충분히 생각을 해보고 결정해야 합니다.

부동산경매는 똑똑하다고 잘할 수 있거나 머리가 나빠서 못하는 것이 아닙니다. 자기가 가진 성격과 평소의 생활습관, 그리고 특성을 충분히 고려하여 이러한 것들과 조화를 이루는 방법으로 투자를 해야 성공할 확률이 높아지게 됩니다.

04
부동산경매는
상대와의 교감이다

부동산경매 물건에는 대부분 우리가 알지 못하는 사연이 있습니다. 그런 다양한 사연들 속에 우리가 뛰어들면 기존의 흐름이 깨지게 됩니다. 그럴 때 가장 속상한 이들이 바로 해당 물건의 점유자인 소유자 혹은 임차인입니다. 그들 중에는 전적으로 자기 잘못 때문에 부동산경매를 당하는 사람도 있지만, 주변 사람에게 속아서 어려움을 겪는 사람도 있습니다. 때때로 부동산경매 물건에 투자하는 사람들이 간과하는 것이 있는데 바로 경매를 당하는 사람의 입장을 전혀 고려하지 않고 자기가 생각한 바만을 이루려고 하는 것입니다.

부동산경매를 당하는 사람들은 누구나 나름의 사연이 있고 흐름이 있는데 그 중간에 끼어든 낙찰자가 곱게 보일 리 없습니다. 그렇게 부정적인 시선을 가진 사람들에게 법적 절차 및 낙찰자의 권리만을 내세우며 빡빡하게 대하면 당연히 점유자는 감정이 상하게 됩니다. 그리고 감정이 악화되면 가능한 모든 수단을 동원해 낙찰자에게 대항하려 들게 됩니다. 따라서 가능하면 어느 정도는 점유자의 사정을 고려해주어야 합니다. 점유자의 사연을 통해 새로운 사실과 정보를 가릴 수도 있고, 먼저 아량을 베풀어주다 보면 점유자의 양보를 이끌어낼 수도 있는 것입니다.

"말 한마디로 천냥 빚 갚는다"는 속담을 깊이 새겨야 합니다. 재산이 손해나는 것은 언젠가 만회할 수도 있지만, 상한 감정을 되돌리기는 굉장히 어렵습니다. 부동산경매라는 것이 법 규정에 따라 이루어지는 절차이긴 하지만, 그래도 점유자와 헤어질 때 서로 쓴웃음이라도 지을 수 있도록 노력해야 합니다. 그런 노력들이 경험으로 쌓여 수익으로 변하게 되므로 경매 과정을 너무 무리하게 진행하지 않는 것이 좋습니다. 그 과정을 제대로 해결해내지 못하면 더 넓은 길로 나아갈 수 없습니다. 법적 잣대로만 모든 것을 결정하고 판단하자면 시간도 오래 걸리고, 스스로도 지치게 됩니다.

가장 좋은 길은 때때로 자신이 바보가 되어 웃음 지을 때 비로소 보일 수 있습니다. 역설적이게도 법은 가장 마지막 단계에서 가장 효과적인 방법입니다. 마지막 순간이 아니라면 끝까지 교감하려고 최선을 다해야 합니다. 그것이 자신을 성장시키는 방법입니다.

05
부동산경매 단기투자는 결국 나 자신과의 싸움이다

부동산경매는 결국 자신과의 싸움입니다. 그리고 매번 새로운 시작입니다. 경험이 쌓이면서 경매에 익숙해지는 것은 투자하는 자기 자신일 뿐 경매를 당하는 사람들은 대부분 엄청난 충격의 연속입니다. 가끔씩 여러 번 경매를 당하는 사람도 있겠지만 그건 소수에 불과합니다.

경매를 할 때 자신이 가장 잘하는 사람일 필요는 없습니다. 낙찰을 받는 순간 더 이상 경매는 자신보다 잘하는 사람과의 싸움이 아니라 처음 경매를 당하는 사람과 새로운 인연이 시작되는 것입니다. 이것이 경매의 장점이자 단점이라 할 수 있습니다.

자기 그릇을 정확히 파악하고 자신에게 맞는 물건에 입찰한다면 그 물건에 자기보다 잘 알고, 또 잘하는 사람들이 같이 뛰어들어 경쟁할 가능성은 그리 높지 않습니다. 그들에게는 그들에게 맞는 물건이 있는 것이고, 우리에게는 우리 각자에게 맞는 물건이 있는 것입니다. 바꿔 말해 모든 경매 물건에 모든 경매를 잘하는 사람이 와서 경쟁하지는 않는다는 것입니다. 자신에게 맞는 물건을 찾아 제대로 파악해 낙찰 받는다면 그때부터는 자신보다 경험이 부족한 점유자와의 싸움 아닌 싸움이 남아 있을 뿐입니다.

쉽게 생각해야 합니다. 자신보다 경험도 부족하고, 경황도 없는 초보자와의 싸움에서 질 확률은 거의 없습니다. 이건 정말 질 수가 없는 게임입니다. 일반적으로 사람들이 부동산경매에 대해 생각하는 것 중 맞기도 하고, 틀리기도 한 것이 경매를 하려면 경매에 대해 정말 잘 알아야 한다는 것입니다. 하지만 그 복잡하고 많은 지식들을, 실전을 경험하기 전에 다 공부할 수는 없습니다. 만일 그래야 한다면 10년을 공부만 해도 모자랄 것입니다.

모든 것은 생각을 바꾸면 가능합니다. 부동산경매는 잘난 사람과 경쟁하는 것이 아닙니다. 조금만 익히면 누구나 충분히 시작할 수 있는 실력을 갖추는 것이 가능합니다. 그리고 일단 시작하고 나면 실전 경험이 실력을 키워줄 것입니다. 계속 공부하지 않으면 안 되는 것이 경매지만, 이론으로만 공부하기에는 너무 실전적인 것이 사실입니다. 그러므로 실전을 경험하며 동시에 공부도 함께 해야 합니다. 그렇게 실전을 경험하면 더 이상 공부하지 않으려고 해도 저절로 공부가 되고, 공부를 할 수밖에 없습니다. 일종의 선순환 구조가 이루어집니다. 이것이 바로 부동산경매의 장점입니다.

이론과 실전이 동떨어지지 않은 분야이기 때문에 실전에서 부동산경매를 계속하는 한 자신의 지식은 계속 쌓일 것이고, 거기에 맞게 그릇도 점점 더 커져갈 것입니다. 그렇게 초기의 그릇을 벗어나 점차 더 큰 경험을 위해 새로운 단계로 넘어가게 될 것이고, 초보 때 경험했던 그런 물건들은 새로운 경매 참여자들이 자연스럽게 들어와 차지하게 될 것입니다. 그것이 경매입니다. 그렇게 경매판 속에서 자연스러운 단계가 형성이 됩니다.

부동산 경매는 자신과의 싸움입니다. 그러하기에 초보자도, 전문가도 모두 같이 어울려 투자를 할 수 있는 것이고, 그래서 할 만한 투자입니다.